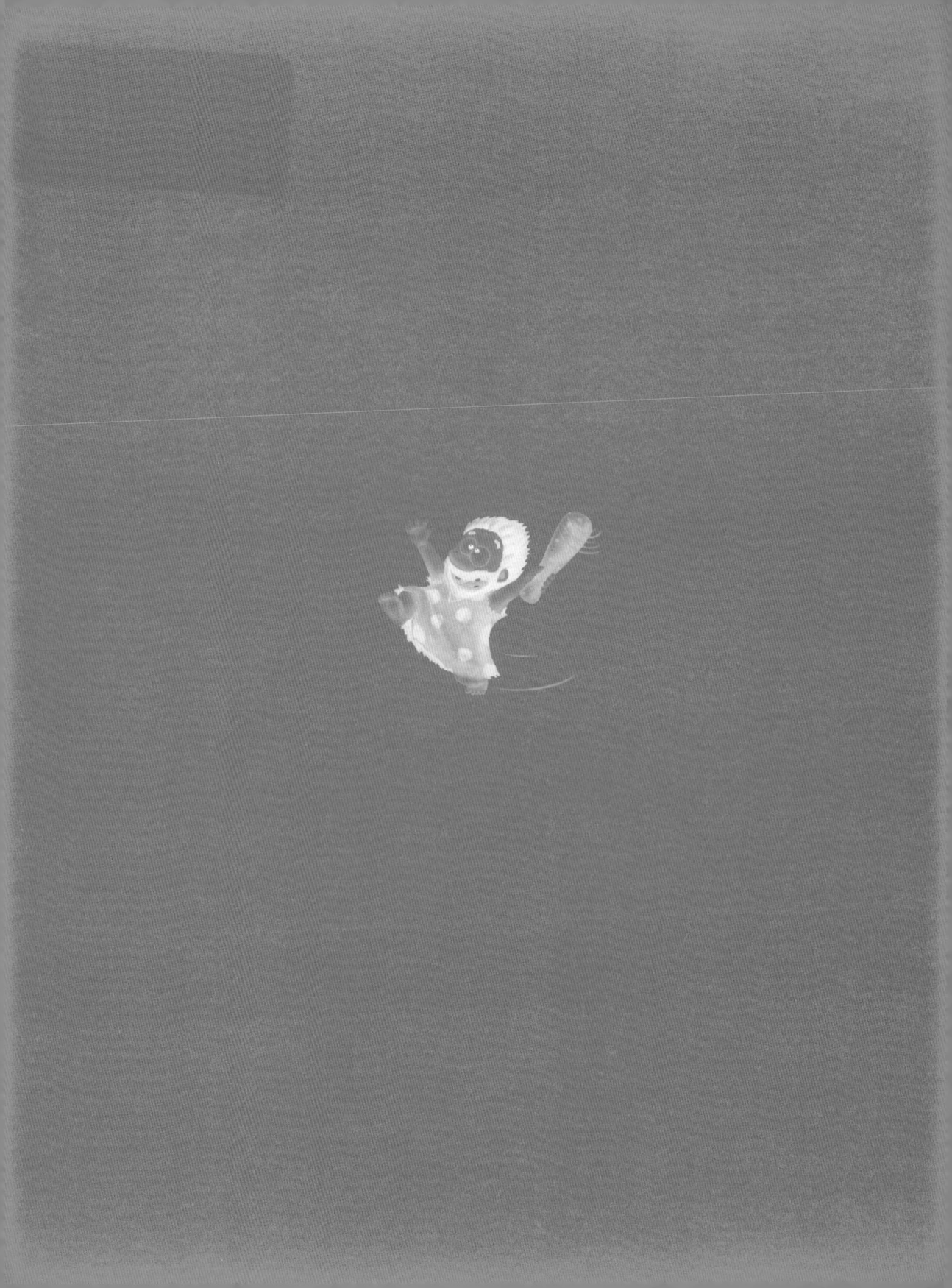

원시인도 모르는 꽁꽁

2판 1쇄 발행	2021년 3월 1일
글쓴이	제성은
그린이	정중호
펴낸이	이경민
펴낸곳	㈜동아엠앤비
출판등록	2014년 3월 28일(제25100-2014-000025호)
주소	(03737) 서울특별시 서대문구 충정로 35-17 인촌빌딩 1층
전화	(편집) 02-392-6901 (마케팅) 02-392-6900
팩스	02-392-6902
전자우편	damnb0401@naver.com
SNS	

ISBN 979-11-6363-240-5 (74400)

※ 책 가격은 뒤표지에 있습니다.
※ 잘못된 책은 구입한 곳에서 바꿔 드립니다.
※ 이 책에 실린 사진은 위키피디아, 셔터스톡에서 제공받았습니다.

초등 융합 사회과학 토론왕 시리즈의 출판 브랜드명을 과학동아북스에서 뭉치로 변경합니다.
도서출판 뭉치는 ㈜동아엠앤비의 어린이 출판 브랜드로, 아이들의 지식을 단단하게 만들어주고, 아이들의 창의력과 사고력을 키워주어 우리 자녀들이 융합형 창의 사고뭉치로 성장할 수 있도록 좋은 책을 만들겠습니다.

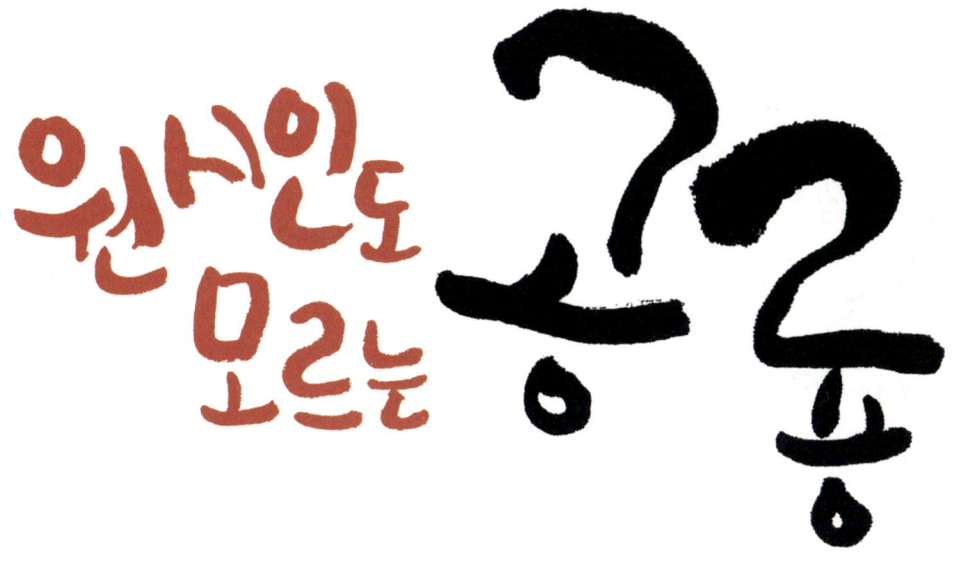

글쓴이 **제성은** 그린이 **정중호**

펴내는 글

원시인은 공룡을 만날 수 없었을까요?
익룡과 어룡은 왜 공룡이 아닐까요?
가장 똑똑한 공룡과 가장 멍청한 공룡은 누구일까요?

선생님의 질문에 교실은 일순간 조용해지기 시작합니다. 인내심이 한계에 다다른 선생님께서 콕 집어 누군가의 이름을 부르는 순간 내가 걸리지 않았다는 안도감에 금세 평온을 되찾지요. 많은 사람 앞에서 어떻게 말을 해야 할까 고민 한번 해 보지 않은 사람은 없을 겁니다.

사람들 앞에서 자신의 생각을 조리 있게 전달하는 기술은 국어 수업 시간에만 필요한 것이 아닙니다. 학교 교실뿐만 아니라 상급 학교 면접 자리 또는 성인이 된 후 회의에서도 자신의 의견을 분명히 표현할 수 있어야 합니다. 하지만 어디서부터 시작해야 할지 몰라 입을 떼는 일이 쉽지 않습니다. 혀끝에서 맴돌다 삼켜 버리는 일도 종종 있습니다. 얼떨결에 한마디 말을 하게 되더라도 뭔가 부족한 설명에 왠지 아쉬움이 들 때도 많습니다.

논리적 사고 과정과 순발력까지 필요로 하는 토론장에서 자신만의 목소리를 내려면 풍부한 배경지식은 기본입니다. 게다가 고학년으로 올라가서 배우는 수업과 진학 시험에서의 논술은 교과서 속의 내용만을 요구하지 않습니다. 또한 상대의 의견을 받아들이거나 비판하기 위해서도 의견의 타당성과 높은 수준의 가치 판단을 해야 하는 경우가 많은데, 자신의 입장을 분명히 하기 위해선 풍부한 자료와 논거가 필요합니다. 「초등 융합 사회과학 토론왕」 시리즈는 사회에서 일어나는 다양한 사건과

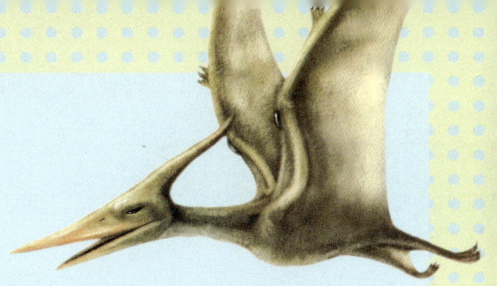

시사 상식 그리고 해마다 반복되는 화젯거리 등을 초등학교 수준에서 학습하고 자신의 말로 표현할 수 있도록 기획되었습니다.

  과학 분야에서는 단연 최고라 할 수 있는 《과학동아》의 과학 정보를 바탕으로, 전문 작가들이 학생들의 발달 상황에 맞게 역사, 사회 및 시사 분야를 정리하였습니다. 개별적으로 만들어진 교과서에서는 접할 수 없는 구성으로 주제와 내용을 엮어 어린 독자들이 과학적 사고뿐만 아니라 문제 해결력, 비판적 사고력을 두루 경험할 수 있도록 하였습니다. 과학, 역사, 사회적 이슈 등 폭넓은 정보를 연결지어 설명하고 교과별로 조각나 있는 지식을 엮어 배경지식을 더욱 탄탄하게 만들어 줍니다.

  『원시인도 모르는 공룡』은 공룡만큼 커다란 정보뿐만 아니라 공룡을 탐구했던 과학자들의 연구 과정과 통찰력도 깊이 다루고 있습니다. 공룡의 개별적인 특성과 이름을 알아 두는 것도 좋지만 토론 상황에서는 탐구 과정과 논리가 더 중요하기 때문입니다. 공룡과 처음 만나는 독자들이 공룡에 대한 기본적인 정보를 알게 되고 머릿속에 공룡에 대한 전체 그림이 그려진다면 이 책의 가치는 충분히 발휘된 것입니다. 게다가 과학자들이 공룡을 연구하면서 겪었던 고민을 독자들도 자연스럽게 해 보고 이를 해결해 보려 한다면 더없이 소중한 시간이 될 것입니다. 또한 국어는 기본이고 과학에서부터 역사, 지리, 사회, 예술에 이르기까지 상식과 사회에 대한 감각을 익히고 세상을 바라보는 눈도 갖게 될 것입니다.

편집부

차례

펴내는 글 · 4
가자! 공룡 탐험 · 8

1장 공룡을 발견하다 · 11

새로운 동물 이름의 등장

공룡은 어떤 동물일까?

공룡의 족보는 골반에 있다고?

토론왕 되기! 과학자들을 혼란스럽게 만든 공룡

2장 돌 안에 갇힌 공룡을 찾아내다 · 39

세기의 공룡 화석 전쟁

공룡 화석은 퇴적을 좋아해

공룡의 과거, 화석이 말해 주마!

토론왕 되기! 공룡은 찬피 동물일까, 더운피 동물일까?

3장 공룡 전성기 · 69

세계 곳곳에서 발견되는 공룡 화석들

공룡, 지구의 역사를 뒤바꿔 놓다

토론왕 되기! 익룡과 어룡은 공룡일까, 아닐까?

 **4장 공룡이 모두 사라지다** • 87

공룡 멸종의 수수께끼를 풀어라!

실제로 지구에 무슨 일이 있었던 걸까?

_{토론왕 되기!} 새는 공룡의 후손일까?

 **5장 공룡을 다시 만나다** • 107

인류는 언제부터 지구에 살았을까?

공룡에게 새 생명을……

박물관의 꽃은 무시무시한 공룡!

_{토론왕 되기!} 공룡의 피부색과 울음소리를 알아낼 수 있을까?

어려운 용어를 파헤치자! • 132

공룡에 관해 더 많이 알고 싶을 땐 여기를 가 봐! • 135

공룡들을 한자리에서 만나 봐! • 136

신 나는 토론을 위한 맞춤 가이드 • 138

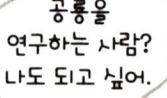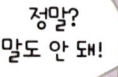

덜덜덜! 무서운 도마뱀이 나타났다!

여러분, 그거 알아요? 옛날 옛날에 무시무시하게 큰 도마뱀이 살았다는 사실을요! 이 도마뱀은 한눈에 다 볼 수도 없고 쳐다보면 목이 아플 정도로 어마어마했대요. 대체 이 도마뱀의 정체는 뭘까요?

1842년
공룡이라는 용어를 처음으로 만든
영국의 한 학자로부터

새로운 동물 이름의 등장

아주 흥미롭고 박진감 넘치는 역사적인 현장에 오신 여러분을 환영합니다. 이곳은 영국의 동물 해부학자인 리처드 오언 경'경'은 영국 왕실에서 내린 '기사' 지위의 연구실이에요.

쉬잇, 조용, 조용! 오언 경이 연구실에서 어떤 동물의 뼈를 골똘히 바라보고 있군요. 도대체 무엇을 하고 있는 걸까요?

"음, 이건 지금까지 알려진 동물과는 달라. 뱀도 아니고, 악어도 아니란 말이야. 분명히 파충류 같긴 한데……. 아무리 봐도 도마뱀이랑 가장 비슷해 보여. 하지만 무시무시하게 커다랗단 말이지. 그러면 뭐라고 부르면 좋을까? 흠, 그래! 무섭다는 뜻의 그리스 어 '데이노스Deinos'와 '도마뱀'이라는 뜻의 '사우로스Sauros'를 합해서 만들면……. '디노 사우리아'라고 정하면 되겠어!"

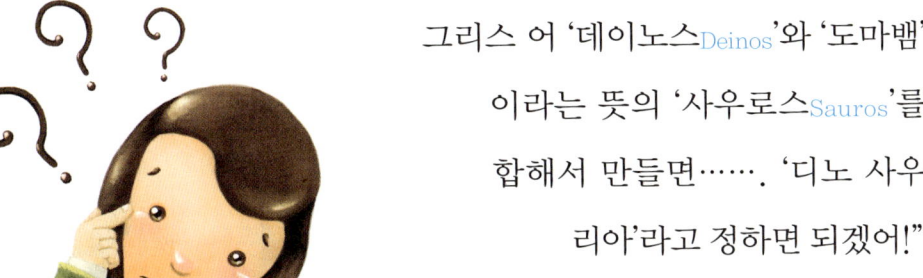

공룡을 발견하다

13

여러분은 지금 얼마나 중요한 현장을 목격했는지 알겠어요? '공룡'의 학술 명칭인 디노 사우리아Dinosauria가 탄생한 역사적인 현장을 함께한 거예요. '디노 사우리아'라는 명칭은 1842년 영국의 해부학자 오언 경에 의해 만들어졌어요. 우리나라에서는 '무섭다'라는 뜻을 가진 한자인 '恐공'과 '용'이라는 뜻을 가진 '龍용'을 써서 '공룡'이라고 부르고, 영어로는 '다이노소어Dinosaur'라고 불러요.

그런데 공룡이라는 명칭은 어느 날 갑자기 오언 경의 머릿속에서 확 떠오른 것이 아니에요. 공룡이라는 낱말이 만들어지기 20여 년 전으로 시간을 거슬러 올라가 볼까요?

최초의 공룡 화석이 발견된 곳은 영국 남부 지방에 있는 루이스라는 작은 도시였어요. 그곳에는 돈이 생길 때마다 화석예전에 죽은 생물의 흔적이 땅속에 보존된 것을 사 모을 만큼 화석에 푹 빠져 있던 기드온 맨텔이라는 사람이 살고 있었지요. 맨텔의 직업은 의사였어요.

1822년 어느 날 맨텔이 환자를 진료하기 위해서 왕진환자의 집으로 가서 진료하는 일을 간 사이, 그의 부인인 매리언은 혼자 주변을 산책하고 있었어요.

"어머, 이건 반짝반짝 빛나는 돌이네?"

남편이 화석을 좋아하고 수집하다 보니, 매리언 역시 자연스럽게 돌에 관심을 두고 있었어요. 왕진 후 집으로 돌아온 맨텔은 부인이 발견

한 돌을 골똘히 바라보았어요.

"이상하네? 이건 동물의 이빨 같은데?"

톱니처럼 삐죽 솟은 화석은 크고 길쭉하였는데 5cm 정도로 어른의 집게손가락만 했어요.

"도대체 얼마나 큰 동물이기에 이빨이 5cm나 되는 거지?"

맨텔은 아내가 발견한 화석이 평범하지 않다고 생각했어요. 그래서 프랑스 파리의 유명한 동물학자인 조르주 퀴비에 남작과 영국 옥스퍼

조르주 퀴비에
프랑스의 동물학자이자 정치가로 화석을 연구하고 고생물학의 기초를 다졌다.

드대학교의 지리학 교수인 윌리엄 버클랜드 박사가 참여하는 런던 지질학회에 찾아갔지요. 하지만 맨텔이 이빨 화석을 사람들에게 공개했을 때 사람들의 반응은 미적지근했어요.

퀴비에 남작은 이빨 화석을 보고 이렇게 말했어요.

"맨텔 씨! 이 화석은 코뿔소의 이빨처럼 보입니다."

그 말에 맨텔은 기분이 무척 나빴어요.

'말도 안 돼! 그냥 코뿔소의 이빨이라고? 코뿔소는 몸집이 2~4m 정도인데, 이 이빨의 주인은 10m는 거뜬히 넘을 거라고!'

옥스퍼드대학교의 버클랜드 교수 역시 똑같은 반응을 보였어요.

"친애하는 맨텔 씨! 이 화석은 대형 물고기의 것으로 보입니다. 하지만 다시는 이 화석에 대해 알아보려고 하지 마세요. 아직은 매우 이른 시기이니 논문으로도 발표하지 않는 게 좋겠습니다."

"더는 알려고 하지 말라니! 도대체 왜?"

맨텔은 자신이 공개한 이빨 화석이 포유류나 어류의 것이라는 전문가들의 말에 너무도 답답했어요. 그래서 영국 글래스고에 있는 헌터리안 박물관으로 직접 찾아가 보았지요. 맨텔은 그곳에서 남아메리카에 머물며 파충류를 연구하는 새뮤얼 스터치버리를 만났어요. 스터치버리는 맨텔이 내민 이빨 화석을 보고 깜짝 놀라면서 말했어요.

"맨텔 씨, 이건 이구아나의 이빨과 비슷한데요?"

맨텔은 자신이 가져간 화석이 이구아나의 이빨과 비슷하다는 중요한 정보를 얻었지만, 이구아나라고 하기에는 아무래도 이빨이 매우 크다고 생각했어요. 그도 그럴 것이 이구아나는 아무리 커 봤자 1.5~2m 정도에 불과한데 그만한 몸집의 동물이 5cm나 되는 이빨을 가지고 있을 리가 없다고 생각한 거지요. 맨텔은 그 정도 크기의 이빨을 가진 동물이라면 최소한

이구아나
이구아나의 다리와 눈, 꼬리는 다른 도마뱀과 다르게 발달하였으며, 새끼 녹색이구아나는 작은 공룡처럼 생겼다.

이구아노돈

이구아노돈은 메갈로사우루스 다음으로 이름을 갖게 되었다. 맨텔은 이구아노돈을 발견했을 때 거대한 도마뱀이라고 생각했지만 1878년 벨기에의 어느 석탄 광산에서 완벽한 모습을 갖춘 골격이 발견되자 진짜 모습이 밝혀졌다. 이구아노돈은 튼튼한 몸을 가졌고, 몸길이는 8~12m 가량 되었다. 커다란 초식 공룡으로 거대한 나무고사리와 침엽수림이 있는 지역에서 살았다.

고생물학자들은 이구아노돈의 꼬리가 땅 쪽으로 축 처졌을 것으로 생각했다. 하지만 연구 결과, 꼬리가 수평에 가깝게 들려 있었다는 사실을 알게 됐다.

이구아노돈의 앞발 생김새는 아주 특이하다. 앞발은 풀이나 작은 나무를 쥐거나, 무기로도 사용되었다. 학자들은 한때 앞발에 난 커다란 발톱이 코 끝에 달려 있었다고 생각했다.

몸집이 10m는 넘을 것 같다고 생각했어요. 그리고 이빨 화석의 생김새가 톱니처럼 울퉁불퉁한 걸로 보아 분명히 초식 동물일 것이라고 판단했답니다.

이구아나와 같은 파충류이면서 몸집이 10m 정도 되는 초식 동물은 대체 어떤 동물일까요? 한참을 깊은 생각에 빠져 있던 맨텔은 무릎을 탁 쳤어요.

"그래! 이건 분명히 이미 멸종된 어떤 동물의 이빨일 거야!"

맨텔은 이구아나의 이빨과 닮은 화석 주인을 이구아노돈^{이구아나의 이빨}이라는 이름을 붙여서 논문^{어떤 문제를 연구하여 그 결과를 체계적으로 쓴 글}을 준비했어요. 그리고 발견한 뼈 일부를 가지고 이구아노돈의 모습을 추측하며 그리는 일을 계속했지요.

 공룡은 어떤 동물일까?

맨텔이 논문을 차근차근 준비하던 1824년의 어느 날이었어요. 맨텔이 뒷목을 붙잡을 정도로 깜짝 놀랄 만한 사건이 벌어지고 말았어요.

버클랜드가 메갈로사우루스^{큰 도마뱀}의 턱뼈를 발굴하여 논문을 발표한 거예요. 이름이 낯이 익다고요? 맞아요! 버클랜드는 맨텔에게 화석에 대한 연구를 그만두라고 말했던 바로 그 교수예요. 이 발표로 버클랜드는 학술지에 공룡에 관한 논문을 최초로 발표하고, 공룡에 공식적인 이름을 붙인 최초의 사람이 되는 영예를 차지하게 되었어요.

공룡 뼈 화석으로 오랫동안 연구를 했던 맨텔은 한순간 맥이 탁 풀릴 수밖에 없었겠지요? 하지만 맨텔은 1825년에 이구아노돈이라는 학명^{학술적 편의를 위해 동식물에 붙이는 이름}을 만들어 영국의 왕립 지질학회에 소개했어요.

누가 먼저 발견했는지는 중요하지 않아. 중요한 건 누가 먼저 세상에 알렸느냐야!

1833년 맨텔은 이구아노돈의 뼈 화석이 더욱 온전한 형태로 발견되자 그 모습을 복원하여 새로운 파충류의 등장을 널리 알렸어요. 그 동물의 전체 생김새는 이구아나와 무척 닮았고, 키는 무려 18m에 이르렀어요. 코 위에는 뾰족한 뿔도 달려 있었지요.

하지만 그때까지도 이구아노돈의 뼈 화석이 모두 발굴된 것은 아니었어요. 그래서 사람들은 이구아노돈의 엄지발톱을 코 위의 뿔로 생각하거나, 어깨뼈를 앞다리 뼈로, 또는 엉덩뼈를 뒷다리 뼈로 잘못 판단하기도 했어요. 하지만 1878년에 벨기에의 베르니사르 탄광에서 완벽한 형태의 이구아노돈 화석이 무더기로 발굴되어 이구아노돈의 모습을 온전하게 복원할 수 있었어요. 맨텔이 비록 이구아노돈의 모습을 완벽

아이고~ 분해라! 내가 먼저 발견했는데!

하게 보여 주지는 못했지만 공룡 연구에 대한 열정과 노력으로 공룡을 알리는 데 큰 몫을 한 것은 분명한 사실이랍니다.

리처드 오언 경
(영국의 생물학자)

맨텔은 이구아노돈 말고도 새로운 공룡 화석을 찾아내어 힐라에오사우루스 삼림 지역의 도마뱀 라고 이름을 붙였어요. 그런데 이번에도 맨텔은 '최초'라는 타이틀을 놓치게 돼요. 공식적으로 '공룡'이라는 이름을 만든 오언 경 때문이었지요.

처음에 사람들은 그것이 공룡 화석이라고는 상상도 못했어요. 거대한

★ 오언 경의 발견 노트

거대한 도마뱀

1822년에 맨텔 부부가 공사장에서 우연히 발견한 공룡의 엄지발톱이 공룡 발견의 시초였어요. 맨텔은 그 뼈 화석을 어떤 동물의 이빨이라고 생각했고, 이구아노돈이라고 이름을 지었어요.

이를 계기로 옥스퍼드대학교의 윌리엄 버클랜드 교수는 공룡에 대한 연구를 본격적으로 시작했어요. 그는 영국 남부 지역에서 이빨이 있는 동물의 아래턱 화석을 발견하였고 '메갈로사우루스'라고 이름을 지었어요. 메갈로사우루스는 쥐라기 때 살았던 무서운 육식 공룡이랍니다.

그런데 맨텔이 버클랜드에게 보여 주었던 화석은 이구아노돈의 이빨이 아니라 사실은 메갈로사우루스의 엄지발톱이었어요. 메갈로사우루스는 과학적으로 연구하고 인정받은 최초의 공룡이랍니다.

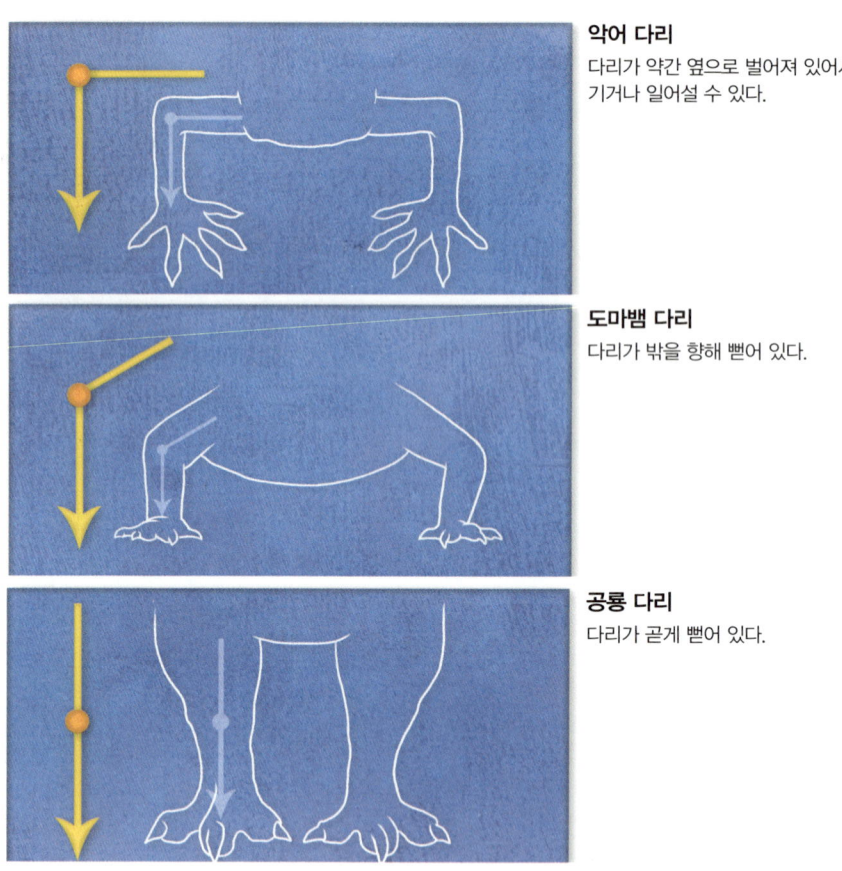

악어 다리
다리가 약간 옆으로 벌어져 있어서 기거나 일어설 수 있다.

도마뱀 다리
다리가 밖을 향해 뻗어 있다.

공룡 다리
다리가 곧게 뻗어 있다.

파충류의 뼈일 것이라고만 추측했었죠. 1842년에 리처드 오언 경은 일반적으로 엉덩뼈가 2개인 파충류와 다르게 맨텔이나 버클랜드가 발굴해 낸 파충류 화석에는 엉덩뼈가 6개라는 사실을 알게 되었어요. 그뿐만 아니라 파충류는 다리가 양옆으로 뻗어 있지만 화석 속의 동물은 다리가 곧게 뻗어 있다는 사실도 알아냈어요.

유명한 해부학자였던 오언 경은 화석 주인공들이 다른 동물들과는 전혀 다르고 이미 멸종되었다고 확신했어요. 그래서 '무시무시한 도마뱀'이라는 뜻을 가진 디노 사우리아라는 낱말을 만들었어요. 그 바람에 공룡 화석을 발굴하고 연구하는 데 일생을 바친 맨텔보다도 오언 경이 공룡학자로 더 유명해지고 말았어요.

이렇게 공룡이 세상에 드러나기까지 많은 속사정이 있었어요. 공룡은

 오언 경의 발견 노트

초식? 육식? 풀 먹고 고기 먹고~

동물을 구분할 때는 크게 초식 동물과 육식 동물로 나누어요. 공룡도 마찬가지이지요. 간단히 말해서 초식 공룡은 풀을 먹고, 육식 공룡은 고기를 먹어요. 그리고 무엇을 먹느냐에 따라서 몸의 구조와 생김새, 생활 방식 등이 모두 달랐답니다.

초식 공룡은 대체로 몸집이 크고 무리 지어 생활했어요. 육식 공룡으로부터 몸을 지켜야 했거든요. 또 먹이인 식물 속에는 셀룰로오스라는 성분이 많이 들어 있어서 소화하는 데 힘이 들었어요. 그래서 육식 공룡보다 훨씬 큰 소화 기관이 필요했답니다. 이빨 역시 잎을 끌어 모아서 갈고 씹는데 적합했어요.

반면에 육식 공룡은 다른 동물을 잡아먹기에 편하도록 날카로운 이빨과 발톱을 가졌어요. 육식 공룡은 먹잇감을 발견하면 달려들어서 먼저 목을 찌른 다음 강한 턱을 이용해 먹이를 부수었지요. 그만큼 머리가 클 뿐만 아니라 목도 짧고 튼튼했어요.

그런데 공룡 가운데에는 초식과 육식 생활을 같이한 공룡도 있었어요. 바로 육식 공룡으로 알려진 팔카리우스 우타헨시스예요. 이 공룡의 화석을 조사해 보니 이빨과 골반에서 식물과 고기를 모두 먹은 흔적이 발견되었다지 뭐예요. 이처럼 화석 연구는 놀라운 일들의 연속이랍니다.

약 1억 8500만 년 동안 지구를 지배하다가 사라진 멸종 동물이기 때문에 화석이나 여러 지층을 이용해 하나하나 수수께끼를 풀어 나가야 해요. 과학자들의 지속적인 연구로 미지의 동물이었던 공룡은 그 모습을 점차 드러냈어요.

공룡은 지금으로부터 2억 5000만 년 전부터 6500만 년 전까지 중생대에 주로 번성했던 파충류였어요. 오직 땅에서만 살았고, 몸 아래로 곧게 뻗은 다리를 가졌지요.

공룡은 중생대에 살았던 파충류라고 불리지만 걸음걸이나 몸집, 생김새 등이 파충류와 조금씩 다 달라서 전혀 다른 새로운 종류일지도 모른다고 생각하는 사람들이 많아요. 이러한 의문점은 공룡 화석이 더 많이 발굴되거나 새로운 연구 방법이 등장한다면 쉽게 풀릴 거예요.

과학자들을 혼란스럽게 만든 공룡

공룡이란 무엇일까? 어떤 사람은 오래전 지구에서 번성하다 멸종된 거대한 동물이라고 생각할 것이고, 또 다른 사람은 어린이 만화에서나 존재하는 동물로 생각하기도 할 것이다. 화석을 이용해 과거에 살았던 동식물을 연구하는 사람을 '고생물학자'라고 한다. 고생물학자들은 공룡을 어떻게 생각할까?

모두가 아는 것처럼 공룡은 이미 멸종된 동물이다. 고생물학자들은 공룡 화석으로 골격몸을 유지할 수 있도록 하는 뼈을 연구하여 공룡을 정의하였다. 최근까지의 연구 결과를 보면, 공룡은 9가지의 진화된 특징이 있다. 그러나 과학자가 아닌 사람들에게 해부학생물 내부를 연구하는 학문의 관점에서 동물의 골격이 어떤 의미를 가지는지 크게 마음에 와 닿지는 않을 것이다. 그래서 과학자들은 이보다 조금 더 쉽게 공룡을 이해할 수 있도록 세 가지 방법을 제시하였다.

첫째, 공룡은 중생대 시기에만 살았던 파충류였다.

약 1억 8500만 년 동안 지속된 중생대에는 오늘날 척추동물의 대부분, 즉 도마뱀, 거북, 악어, 포유류, 새 그리고 이미 멸종한 공룡과 익룡이 모두 번성했다. 당시 포유류는 요즘의 쥐처럼 보잘것없을 만큼 작은 동물이어서 중생대의 생태계에 큰 영향을 끼치지 못했다.

공룡의 머리뼈에는 눈구멍 이외에 특별한 구멍 두 쌍이 있다. '측두와'라고 하는 이 구멍은 악어와 익룡도 가지고 있다. 공룡은 그런 구멍이 하나도 없는 거북과 한 쌍의 구멍이 발달한 포유류와도 쉽게 구분된다. 또 공룡의 피부 화석과 알 화석이 발견되면서 오늘날의 파충류처럼 비늘을 가졌고 알을 낳는 파충류라는 사실이 분명해졌다.

둘째, 모든 공룡은 땅 위에서 살았던 육상 동물이다.

파충류이면서 당시 하늘을 날았던 익룡, 바다에 살았던 돌고래 모양의 어룡, 그리고 목이 긴 바다사자를 생각나게 하는 수장룡은 이름만 비슷할 뿐 공룡은 아니다. 중생대에는 다양한 파충류가 하늘과 땅과 바다에 살았다. 중생대를 파충류의 시대라고 부르는 것은 이런 이유에서이다.

셋째, 모든 공룡은 몸 아래로 바로 뻗어 있는 곧은 다리를 가졌다.

몸 아래로 곧게 뻗은 다리는 굽은 다리를 가진 도마뱀, 악어, 거북과 같은 파충류와 구별되는 공룡의 중요한 특징이다. 도마뱀과 거북은 몸 옆에서 직각으로 꺾인 다리로 엉금엉금 기어 다닌다. 앞으로 나가려면 몸통을 좌우로 틀어 다리를 움직여야 한다. 악어는 짧은 거리를 뛸 때 몸을 반쯤 들 수 있지만 대부분의 시간 동안 기어 다닌다. 굽은 다리로 몸무게를 지탱하려면 엄청난 에너지가 필요하다. 또한 걸을 때 발생되는 발목 관절의 강한 비틀림을 견뎌내야 한다. 이러한 방법으로 걷는 동물 가운데 거대한 크기로 진화 점차 발달하여 변해 가는 일 한 동물은 없다. 몸무게가 75톤이 넘는 세이스모사우루스 지진 도마뱀 는 악어와 같은 꾸부정한 다리로는 도저히 설 수 없었을 것이다. 기는 자세의 경우 폐와 함께 항상 몸이

휘어져야 하기 때문에 움직일 때 숨을 쉬기가 어렵다. 완전히 서 있는 자세에서는 이러한 문제점이 발생하지 않는다. 공룡은 지구에 처음 등장할 때부터 다른 파충류와는 달리 서 있는 자세를 취할 수 있었다. 포유류와 새처럼 자유롭게 숨을 쉬면서 뛸 수 있었기 때문에 기어 다니는 동물보다 훨씬 유리한 생활 조건을 갖추고 있었다.

공룡을 설명하는 세 가지 관점을 정리해 보면, 공룡은 중생대에 살았던 파충류로 땅 위에서 번성했던 동물이다. 이것은 지금까지 발견된 화석을 근거로 정리한 것이다. 공룡을 놀랍고 신기하게 여기는 이유는 공룡에 관한 정보가 매우 부족하기 때문이다. 그래서 공룡에 대한 논란거리도 끊임없이 생겨난다. 그래서 새로운 화석이 등장할 때마다 과학자들은 긴장하며 연구를 진행한다. '이빨'이라고 생각했던 것이 사실은 '발톱'이었다는 이구아노돈의 예만 보더라도 공룡에 관한 연구 결과와 과학자들의 주장이 하루 아침에 바뀌는 경우도 종종 있다. 이처럼 확실하지 않은 대상을 연구할 때 과학자들은 조금 더 신중하고 꼼꼼한 태도로 연구하는 것이 바람직하다.

끊임없이 변화하는 지구

약 46억 년 전 지구가 처음 생겨난 이후로 지구에 사는 생물들은 끊임없이 변화해 왔어요. 이들 변화에 따라 지구의 역사를 크게 선캄브리아대, 고생대, 중생대, 신생대로 나눌 수 있어요. 중생대는 다시 트라이아스기, 쥐라기, 백악기로 나눌 수 있는데 공룡은 트라이아스기에 나타나서 백악기 말기에 멸종했어요. 공룡이 번성했던 중생대를 포함한 지구 전체의 역사를 살펴볼까요?

지질 시대	선캄브리아대	고생대					
		캄브리아기	오르도비스기	실루리아기	데본기	석탄기	페름기
연대	46억 년 전	5억 4000만 년 전	5억 년 전	4억 3500만 년 전	4억 1000만 년 전	3억 5500만 년 전	2억 9500만 년 전	2억 5000만 년

선캄브리아대

전체 지질 시대의 85%(약 40억 년)를 차지하는 가장 긴 시간이에요. 대부분의 생물이 바다에서 살았고 화석이 매우 드물어 잘 알려져 있지는 않아요. 처음에는 하나의 세포로 이루어진 생물이 많았지만 선캄브리아대 말기에는 조금 더 많은 세포로 이루어진 생물들이 나타났답니다.

고생대

삼엽충이 크게 번성해 삼엽충의 시대라고도 불릴 정도예요. 어류가 생겨나 번성하였고, 어류가 진화해 양서류가, 양서류가 진화해 파충류가 나타났지요. 고사리와 같은 양치식물이 아주 많았고 이들이 파묻혀 오늘날의 석탄이 되기도 했어요. 고생대 후기에는 곤충이 나타나 빠른 속도로 번성했어요.

중생대

거북, 익룡, 공룡, 수장룡 등 다양한 파충류가 번성해 파충류의 시대라고 불러요. 중생대 트라이아스기에는 포유류도 나타났지만 크기가 작고 주로 밤에 활동을 할 뿐이었지요. 중생대 후기인 백악기에는 꽃을 피우는 속씨식물이 나타났어요. 시간이 흐를수록 날씨는 점점 추워졌고 격렬한 화산 활동 등으로 많은 파충류가 멸종했답니다.

신생대

약 6500만 년 전부터 지금까지를 신생대라고 불러요. 신생대에는 포유류, 조류가 폭발적으로 진화했고 빠른 속도로 번성했지요. 그리고 영장류와 유인원의 뒤를 이어 직립 보행을 하는 오스트랄로피테쿠스 아파렌시스가 나타났어요. 이후 현대 인류인 호모 사피엔스 사피엔스가 나타났답니다.

공룡의 족보는 골반에 있다고?

공룡은 지금까지 화석으로 발굴된 것만 따져도 900여 종이 넘어요. 타르보사우루스놀라게 하는 도마뱀, 티라노사우루스 렉스폭군 도마뱀, 스테고사우루스지붕 도마뱀, 테리지노사우루스큰 낫 도마뱀, 이구아노돈, 트리케라톱스세 개의 뿔을 가진 얼굴 등 우리가 익히 들어 알고 있는 공룡의 이름만 해도 수십 종이 넘지요. 과학자들은 지금까지 밝혀진 공룡이 실제로 존재했던 공룡의 수에 크게 미치지 못한다고 생각해요.

사람들을 보면 저마다 생김새나 느낌이 조금씩 다르지만, 비슷한 유형으로 나누어 볼 수 있어요. 예를 들어 아시아 인들은 검은색 머리, 검은 눈동자, 밝은 황토색의 피부를 가졌어요. 반면 유럽 인들은 밝은 갈색 머리, 푸른 눈동자, 밝은 흰색의 피부, 높은 코를 가졌지요.

공룡도 기준에 따라 나누어 묶을 수가 있다는 점을 알고 있나요? 사람처럼 공룡에게도 족보가 있다는 사실! 공룡들의 족보를 따질 땐 딱한 가지만 기억하면 돼요. 그것은 바로 골반이랍니다.

1887년 영국의 해부학자인 해리 실리는 골반의 구조에 따라 공룡을 크게 2가지로 나눌 수 있다는 점을 알아냈어요. 하나는 조반목 공룡이고, 다른 하나는 용반목 공룡이지요.

공룡의 골반은 위에 있는 장골엉덩뼈, 아래쪽 앞에 있는 치골두덩뼈 그리고 좌골㉯궁둥뼈㉰로 이루어져 있어요. 용반목은 도마뱀의 골반과 비슷하다고 해서 붙여진 이름이에요. 용반목의 엉덩뼈는 높게 솟아 있고, 길이가 짧으며, 두덩뼈는 앞쪽으로 틀어져 있지요. 하지만 조반목은 새처럼 엉덩뼈의 높이가 낮고 길이는 용반목보다 길며, 두덩뼈는 뒤쪽으로 틀어져 있어요.

골반의 모습으로 나눈 공룡의 종류

그런데 왜 골반의 모양에 따라서 공룡을 나누었을까요? 골반은 척추와 뒷다리를 연결하는 부분이자 무게 중심의 구실을 해요. 공룡의 신체적인 특징을 이해하는 데 도움을 주지요. 예를 들어 조반목 공룡은 두덩뼈 아래쪽에 소장과 대장이 있고, 용반목 공룡은 두덩뼈 앞쪽에 소장과 대장이 있어서 저마다 움직임이 조금씩 달라요.

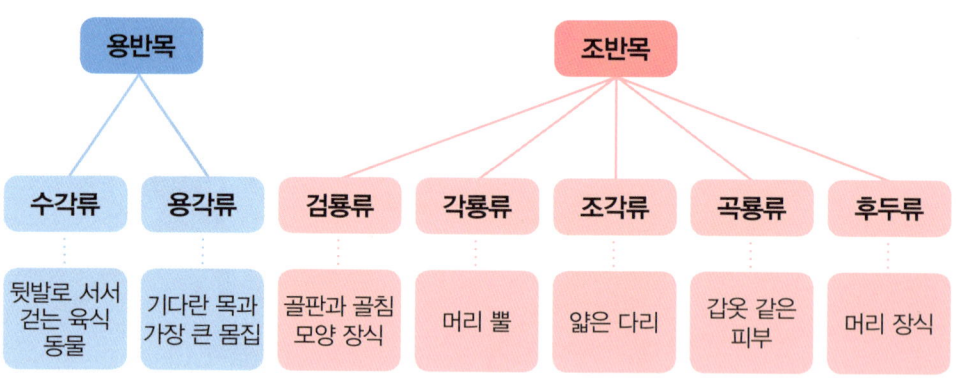

공룡을 용반목과 조반목으로 나누기만 하면 모두 분류되는 것은 아니겠지요? 생김새에 따라서도 공룡을 분류할 수 있어요. 첫째, 용반목 가운데 두 발로 이동하는 육식 공룡을 수각류라고 하는데, 성질이 사납기로 유명한 티라노사우루스 렉스가 대표적이에요. 둘째, 같은 용반목이지만 네 발로 걸으며 몸집이 거대한 초식 공룡을 용각류라고 부르는데 브라키오사우루스팔 도마뱀나 플라테오사우루스납작한 도마뱀, 우리나라에

티라노사우루스 렉스
육식 공룡 중에서 몸집이 크고 사나웠으며 가장 늦게 멸종했다. 꼬리를 땅과 수평으로 맞추고 느릿느릿하게 두 발로 걸어 다녔으며, 거대한 송곳니로 무장하고 다른 공룡을 잡아먹었다.

근육질로 된 두꺼운 목

날카로운 이빨

우스꽝스럽게 작지만 튼튼한 앞발

튼튼한 허벅지

살았던 부경고사우루스 같은 공룡이 여기에 속해요.

조반목은 모두 초식 공룡으로 생김새에 따라 다양하게 분류해요. 우선 목에서 꼬리까지 골판이나 날카로운 골침 모양 장식을 가진 공룡을 검룡류라고 하는데, 몸집은 큰 반면 머리가 아주 작은 스테고사우루스 같은 공룡이 대표적이랍니다. 머리에 뿔이 달린 트리케라톱스 같은 공룡을 각룡류, 두 다리로 걸을 수 있는 이구아노돈 같은 공룡을 조각류,

플라테오사우루스
몸길이가 6~8m 정도 되었고, 보통 네 발로 천천히 걸어 다녔다. 필요할 때에는 꼬리로 균형을 잡고 뒷다리로만 빨리 움직일 수 있었다. 주로 나뭇잎을 먹었고, 돌멩이를 삼켜 음식물의 소화를 도왔다.

기다란 엄지 발톱

브라키오사우루스
거대한 기린과 같은 생김새를 하고 있다. 근육이 튼튼하여 머리를 13m 정도 들어 올릴 수 있었는데 4층짜리 건물 안을 들여다 볼 수 있는 높이였다. 나뭇잎이나 양치식물을 먹는 초식 공룡으로 튼튼한 다리가 특징이다.

가파른 등

기둥처럼 생긴 기다란 앞다리 때문에 팔 도마뱀이라는 명칭이 붙었다.

갑옷을 두른 듯한 생김새의 안킬로사우루스딱딱한 도마뱀를 곡룡류, 머리에 장식이 있는 파키케팔로사우루스두꺼운 머리를 가진 도마뱀를 후두류라고 불러요.

　세상에 보이지도 않고, 본 사람도 없는 미지의 동물인 공룡을 흔적만으로 재현해 낸 과학자들의 노력이 정말 대단해 보이죠? 과학자는 마치 탐정이라도 된 것 마냥 공룡의 숨겨진 비밀을 하나둘씩 벗겨 내었을 거예요. 새로운 사실을 알아내는 기쁨으로 신이 나 있을 과학자들을 상상해 보세요!

★ 오언 경의 발견 노트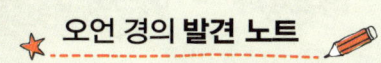

공룡은 네 발로 걸었을까, 두 발로 걸었을까?

육식 공룡인 수각류들은 뒷다리가 매우 긴 대신에 몸통은 짧고 작았어요. 특히 앞다리가 뒷다리에 비해 무척 짧아요. 몸무게를 지탱할 수 없어서 두 발로 걸어 다녔어요. 하지만 모든 공룡이 두 발로 걸어 다닌 것은 아니에요.

초식 공룡인 용각류나 곡룡류, 각룡류들은 몸집이 아주 거대했어요. 몸무게를 버틸 수 있도록 앞다리가 굵었고 네 발로 걸어 다녔어요. 수각류들의 발자국 화석을 보면 앞발의 흔적은 잘 발견되지 않지만 용각류나 곡룡류, 각룡류 등의 발자국 화석에는 앞발과 뒷발이 모두 나타난답니다.

두 발 걷기와 네 발 걷기를 번갈아 가면서 했던 공룡도 있었어요. 이구아노돈이나 플라테오사우루스 같은 공룡이 그러했지요.

공룡을 발견하다

공룡을 분류하는 방법

공룡의 종류는 수없이 많아요. 하지만 체계적으로 분류하지 못하면 공룡을 공부하는 일은 정말 어려울 거예요. 하지만 다행히 영국의 해부학자인 해리 실리가 골반 모양에 따라 크게 두 가지로 그리고 생김새에 따라 다시 일곱 가지로 분류했지요. 그럼 공룡의 분류 방법을 한번 살펴볼까요?

공룡

- **용반목** - 골반의 구조가 도마뱀과 비슷하다.
  - **수각류** - 육식 공룡으로 두 발로 걷는다.
  - **용각류** - 초식 공룡으로 네 발로 걷고, 몸집이 거대하다.

- **조반목** - 골반의 구조가 새와 비슷하다.
  - **각룡류** - 머리에 뿔이 나 있다.
  - **조각류** - 뒷 다리로 서서 균형을 잡을 수 있다.
  - **검룡류** - 등과 꼬리에 장식이 달려 있다.
  - **곡룡류** - 갑옷처럼 피부가 단단하다.
  - **후두류** - 머리에 장식이 달려 있다.

드로마에오사우루스 / 티라노사우루스 렉스 / 에오랍토르 / 프로토케라톱스 / 트리케라톱스

스테고사우루스 / 투오지앙고사우루스

공룡 분류하기

공룡을 분류하는 방법을 잘 익혔나요? 그런데 아래에 모인 공룡들은 자기가 어디에 속하는 공룡인지 잊어버렸대요. 공룡의 생김새를 보고 특징에 맞게 잘 찾아갈 수 있도록 여러분이 도와주세요. (정답은 147쪽에 있어요.)

1.
2.
3.
4.
5.
6.

ㄱ. 유후~ 멋진 뿔을 가진 공룡은 각룡류란다!

ㄴ. 목이 길어서 높은 곳에 있는 나뭇잎도 잘 먹는 공룡은 용각류야.

ㄷ. 으르렁! 두발로 걷는 육식 공룡은 수각류야.

ㄹ. 초식 공룡 가운데 두 다리로 걸을 수 있는 조각류는 이리 와!

ㅁ. 머리 장식이 화려하다면 후두류지!

ㅂ. 곡룡류가 가진 갑옷은 위험으로부터 몸을 보호해 주지.

2장

돌 안에 갇힌 공룡을 찾아내다

들썩들썩 뼈의 전쟁이 일어나다!

오스니얼 찰스 마시와 에드워드 드링커 코프가 공룡 화석을 둘러싸고 전쟁을 벌이고 있습니다. 공룡 뼈 때문에 서로 헐뜯으며 연신 싸우고 있지요. 그런데 공룡 화석이 그렇게 대단한 건가요? 도대체 어떤 비밀이 숨어 있기에 그 난리 법석을 떠는 걸까요?

1890년대
마시와 코프의 지인으로부터

세기의 공룡 화석 전쟁

사람들은 글자를 발명한 이후 수많은 기록을 해 왔어요. 오늘날 우리가 지난 일을 알 수 있는 것도 모두 '기록' 덕분이죠. 그런데 글자가 발명되기 이전의 일은 어떻게 알 수 있을까요? 사람 또는 동식물이 남긴 흔적을 통해서 과거의 사실을 알아낼 수 있답니다. 하지만 모든 것을 알기란 어려운 일이지요.

사람들에게 아주 오래전에 공룡이 살았다는 사실을 알려 준 것도 바로 화석이었어요. 동식물의 뼈나 알 그리고 발자국, 똥과 같은 흔적이 어떤 암석에 고스란히 남아 있는 것을 화석이라고 해요.

1860~1890년대에 북아메리카 대륙에서는 두 사람이 공룡 화석을 두고 치열한 경쟁을 벌였어요. 그들은 비슷하면서도 달랐고, 다르면서도 참 비슷한 점이 많았지요. 그들은 바로 오스니얼 찰스 마시 그리고 에드워드 드링커 코프였답니다. 그들은 뼈의 전쟁이라고 불릴 만큼 화석을 찾는 데 열심히 매달렸고, 생각지도 못

암모나이트 화석
달팽이 모양의 껍데기를 갖고 있으며 조개 종류와 생김새가 비슷하다. 고생대에 등장하여 중생대에 번성하였고, 바닷속을 둥둥 떠다니며 어룡의 먹잇감이 되었다.

돌 안에 갇힌 공룡을 찾아내다

오스니얼 찰스 마시
(미국의 고생물학자)

한 발견으로 세상을 놀래 주었어요. 그런데 도대체 공룡 화석을 가지고 무슨 전쟁을 한 걸까요?

마시는 1831년 미국 뉴욕 주의 락포트에 있는 어느 가난한 농가에서 태어났어요. 그는 어릴 때부터 화석에 관심이 많았어요. 삼촌의 도움을 받아 대학에 들어간 그는 화석 채집 능력이 뛰어났고 기술이 나날이 발전했어요. '더 좋은 광물을 손에 넣기 전에는 지금 가진 훌륭한 광물을 내놓지 말자'라는 글을 자신의 일기장에 써 놓았을 정도로 화석을 모으는 데 열정을 쏟았지요.

한편, 코프는 1840년 미국 펜실베이니아 주의 필라델피아 근처에 있는 어느 농가에서 태어났어요. 마시보다 9년 늦게 태어난 거지요. 코프는 어린 시절 동식물 표본_{본보기로 삼을 만한 것}을 채집하였고, 비교해부학_{여러 가지 동물의 모양과 구조를 서로 비교하면서 연구하는 학문}을 공부했어요. 코프는 미국을 떠나 유럽으로 건너간 후 공부를 계속하면서 유명한 박물학자들을 만나기도 했지요. 유럽에서 공부를 마친 뒤 미국으로 돌아온 코프는 펜실베이니아 헤이버퍼드 대학교의 생물학 교수가 되었어요. 하지만 곧 교수직을 그만두고 화석 지층과 가까운 뉴저지 주의 해던필드로 옮겨 가서 살았어요. 코프는 물려받은 농장을 판 돈으로 공부하며 고생물학자로서의 경력을 쌓기 시작했어요.

에드워드 드링커 코프
(미국의 고생물학자)

 마시와 코프 두 사람은 처음에는 서로에게 아주 호의적인 동료였대요. 때로는 서로의 이름을 사용하여 학명을 정할 정도였지요. 하지만 연구 대상을 바라보는 견해가 달라지고, 성격 차이도 심해지면서 사이가 점점 나빠졌고 결국에는 서로 의심하며 다투는 일이 잦아졌어요.

 1866년 어느 날 코프는 마시에게 캔자스 주에서 발견한 어떤 생물의 골격을 보여 주었어요.

 "자, 이거 어떻습니까? 멋지지요?"

 마시는 코프가 보여 준 그림을 예리한 눈빛으로 바라보았어요. 그림 속 동물은 바다에서 사는 어떤 파충류의 하나로 보였지요. 하지만 마시의 눈에는 영 마뜩찮아 보였어요.

코프가 재현한 수장룡, 엘라스모사우루스
엘라스모사우루스는 '판 도마뱀'이라는 뜻으로 판처럼 생긴 커다란 어깨뼈 때문에 붙여진 이름이다. 최대 몸길이가 14m 정도로 백악기 후기에 번성했다. 머리는 작은 반면 목은 굉장히 길어서 목 길이만 최대 5m에 달하기도 했다. 현재까지 연구된 결과로는 목뼈만 70개 이상으로 목이 꽤 유연했을 것이라고 추측한다. 하지만 왜 이렇게 목이 긴지, 구체적으로 목을 어떻게 사용했을지는 아직까지 확실히 밝혀내지 못했다.

엘라스모사우루스 상상도

"흥! 이건 머리가 꼬리 쪽에 붙어 있는 것 같군."

마시는 코프가 재현한 엘라스모사우루스를 보고 꼬리가 있어야 할 곳에 머리를 두었다고 지적하며 비판했어요. 마시의 지적에 코프는 몹시 기분이 상할 수밖에 없었어요.

1877년에도 마시와 코프의 싸움은 계속되었어요. 어느 날 마시는 한 통의 편지를 받았어요. 콜로라도 주 모리슨에서 교사로 근무하던 아서 레이크스의 편지였지요. 레이크스가 모리슨 근처의 산을 오르던 중 절벽에서 엄청난 크기의 뼈가 박혀 있는 걸 발견했다는 내용이었어요. 한동안 마시의 답장이 없자 레이크스는 코프에게도 뼈 꾸러미를 보냈어요.

　마침내 마시는 레이크스에게 사례금과 함께 발견한 내용을 누구에게도 말하지 말라고 당부하는 편지를 보냈어요. 하지만 얼마 되지 않아 레이크스가 코프에게도 편지를 보냈다는 사실을 알게 되었지요. 급기야 마시는 사람을 보내서 레이크스가 발견한 뼈 화석을 감시하게 하였고, 코프에게 레이크스로부터 받은 화석을 모두 돌려 달라고 요구했어요. 이에 코프는 무척 기분이 상했지요.

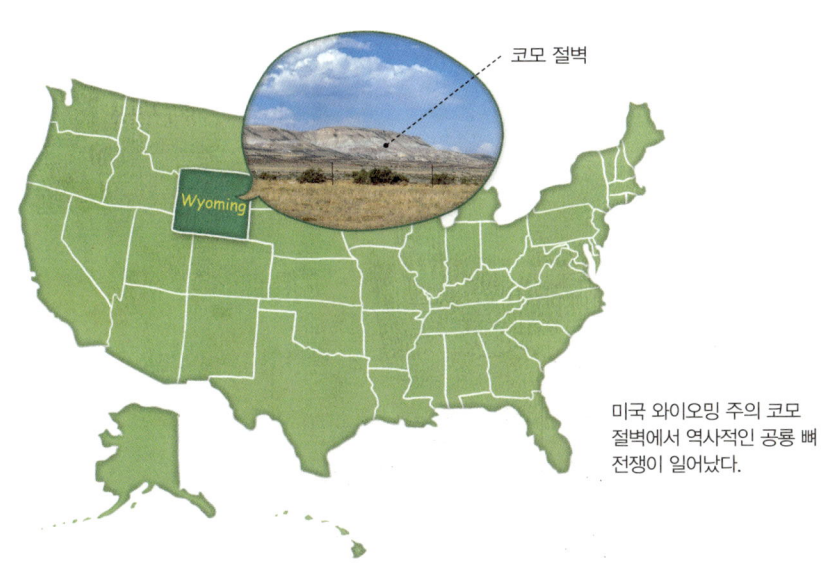

미국 와이오밍 주의 코모 절벽에서 역사적인 공룡 뼈 전쟁이 일어났다.

한편 코프 역시 루카스라는 과학자에게 뼛조각들을 받았어요. 콜로라도 주의 캐니언 시티 근처에서 식물을 채집하다가 발견한 많은 양의 화석을 발굴해서 보낸 거였지요. 코프는 그 발견이 레이크스와 마시의 발견보다 더욱 뛰어나다는 사실에 무척 기뻐했어요.
"오, 이런! 이건 지금까지 본 적이 없던 최대의 육상 동물이야!"
코프와 루카스는 재빨리 엄청난 화석을 발견했다고 발표했어요. 이 소식을 들은 마시는 자신의 인부들을 캐니언 시티 근처로 보내 발굴장을 만들라고 지시했어요. 얼마 후 마시의 일꾼 가운데 한 명이 뼈 화석이 11km나 뻗어 있고, 그 양이 수 톤에 이른다고 알려 왔어요.
마시는 코프와 루카스의 발견에 긴장할 수밖에 없었어요. 마시는 다

시 와오이밍 주의 코모 절벽에서 풍부한 화석 층을 발견하였고, 그 소식이 경쟁자에게 새어 나가지 않도록 최대한 노력했어요. 뿐만 아니라 코프가 잘못된 길로 빠지도록 온갖 방법을 다 썼지요.

마시와 코프는 자신의 발굴지를 지키기 위해 크기가 작거나 부서진 화석은 일부러 없애기도 했어요. 또한 상대가 찾지 못하게 발굴지를 흙이나 바위로 메워 버리기도 했지요. 심지어 두 사람의 발굴단 인부들끼리 서로에게 돌을 던지며 싸우기까지 했답니다. 두 사람이 얼마나 앙숙 <u>서로 미워하는 사이</u>이었는지 직접 보지 않아도 충분히 짐작할 수 있겠지요?

결국 마시와 코프는 지나치게 경쟁하는 바람에 둘 다 큰 피해를 입고 몰락하고 말았어요. 하지만 그들의 경쟁적인 발굴 덕분에 140여 종의

마시와 그의 탐험대

공룡이 새로 발견되고 세상에 알려졌어요. 두 사람이 죽은 후에도 채 뜯지 않은 화석이 1톤가량이나 남아 있었다니, 그들이 얼마나 화석 수집에 열심이었는지 짐작해 볼 수 있답니다.

마시와 코프의 화석 발굴은 사람들이 공룡에 관심을 가지도록 크게 기여했어요. 이들의 경쟁적인 발굴 작업이 잡지 맨 앞에 자주 등장하면서 사람들의 호기심을 불러일으켰거든요.

코프와 마시의 활약 이전에 북아메리카에서 발견된 공룡은 겨우 아홉 종류밖에 없었어요. 두 과학자 덕분에 우리는 그보다 훨씬 많은 공룡을 알게 되었지요. 그들이 발견한 공룡들 가운데에는 사람들에게 인기가 높은 공룡도 많았어요. 트리케라톱스, 알로사우루스, 디플로도쿠스, 스테고사우루스, 코엘로피시스 등이 바로 그런 공룡이지요.

코프와 마시의 업적은 과학적으로 칭찬받을 만해요. 하지만 발굴 작업 과정에서 다이너마이트를 지나치게 많이 사용하고, 서로를 방해하면서 수많은 화석을 파괴하거나 다시 땅속에 묻고 말았어요. 그 화석들 가운데 몇몇은 아주 중요한 가치가 있었을 것이라는 점이 무척 안타까워요.

트리케라톱스

가장 널리 알려진 뿔 공룡으로 양치식물이나 소철 등을 먹고 살았다. 뿔 공룡 중에서 가장 몸집이 크고 무거웠으며 번식력이 뛰어나 오랫동안 살아남았다.

- 코 위에 난 뿔
- 1m 가까이 되는 뿔
- 이빨이 뾰족하게 나 있어 질긴 식물이라도 쉽게 잘라 먹었다.

- 골판은 엇갈려 나 있었을 것으로 추측한다. 용도는 학자마다 다르게 추측한다.
- 꼬리에도 있는 가시
- 목이 아래로 굽어 있어 머리가 땅에 가까이 있었다.
- 3개의 발가락이 있는 뒷발

스테고사우루스

쥐라기 후기에 번성하였다. 몸길이는 최대 9m로 버스 크기만 했다. 가장 큰 특징은 목, 등, 꼬리에 난 골판 장식으로 이 골판의 쓰임새에 대해서는 아직도 확실하지 않다. 여러 가지 가설이 있는데 몸을 보호해 주는 무기거나 체온을 조절해 주는 장치 아니면 수컷과 암컷이 서로에게 보여 주는 뽐내기용 장식이라는 설명 등이 있다.

공룡 화석은 퇴적을 좋아해

공룡 화석은 도대체 어디에 숨어 있는 걸까요? 그리고 마시와 코프는 공룡 화석이 있는 지역을 어떻게 쏙쏙 알아냈을까요?

공룡이 죽으면 살은 썩거나 다른 공룡의 먹잇감이 돼요. 그러고 나면 결국에는 뼈만 남게 되지요. 그리고 아주아주 오랜 시간이 흘러 그 위에 흙이 쌓이면서 지층이 만들어져요. 비나 눈, 바람에 지층이 다시 깎이면 화석이 겉으로 드러나는 거예요.

공룡 화석을 만나려면 중생대에 만들어진 지층을 찾아야만 해요. 고생대나 신생대의 지층에서는 공룡 화석을 찾아볼 수 없거든요.

여기서 잠깐! 암석에 대해서 잠시 짚고 넘어가 볼까요? 지구의 겉모습을 이루는 지각땅덩이은 여러 가지 암석으로 구성되어 있어요. 사람들의 얼굴이 모두 같지 않은 것처럼 지각을 이루는 암석도 딱 한 가지가 아니랍니다. 암석은 어떻게 만들어지느냐에 따라서 화성암, 퇴적암, 변성암으로 나눠요.

화성암은 지하 깊은 곳에서 생긴 마그마나 용암바깥으로 나온 마그마이 식어서 만들어진 암석이에요. 제주도나 강원도 철원에 가면 볼 수 있는 구멍 난 검은색 돌현무암을 생각하면 돼요.

퇴적암은 땅에서 풍화바위가 햇빛, 바람, 물에 의해 잘게 쪼개짐와 침식땅이 비, 하천,

화성암
마그마가 식어서 형성된 바위이다. 만들어질 때 깊이에 따라 화산암과 심성암으로 나눈다.

퇴적암
어느 장소에 쌓인 물질이 열과 압력을 받아 생긴 바위이다. 퇴적암은 지구 표면의 약 80%를 차지한다.

변성암
땅속에서 열과 압력을 받아 고유의 특성이 변한 바위이다.

바람, 빙하에 의해 깎임 과정을 거친 물질이 이동하고 쌓인 뒤 굳어진 암석을 말해요. 자갈로 이루어진 역암이나 모래가 굳어져 만들어진 사암, 석회질이 쌓여 굳어진 석회암이 대표적인 퇴적암이에요.

　마지막으로 변성암은 화성암이나 퇴적암이 지하 깊은 곳에서 열이나 압력을 받아 본래의 성질이 변해서 만들어진 암석이에요. 대리암이나 편마암이 대표적이지요.

이 가운데 퇴적암은 마치 샌드위치나 시루떡을 겹겹이 올려놓은 모양과 비슷해요. 퇴적암은 많은 퇴적물이 오랜 시간 동안 쌓이고 눌려져서 만들어졌거든요. 마시와 코프가 더 좋은 공룡 화석을 차지하려고 다퉜던 코모 절벽도 퇴적암이에요.

많은 과학자에게 퇴적암은 단순히 암석이 아니라 보물 지형으로 보였을 거예요. 외딴 사막이나 척박한 바위가 있는 곳에서 공룡 화석들이 보물처럼 쏟아져 나왔으니까요.

그런데 왜 퇴적암에서 공룡이나 다른 동물의 화석들이 많이 발견되는 걸까요? 동물의 사체 사람이나 동물이 죽은 몸뚱이가 사방에서 같은 압력을 받으면 화석은 원래 모습을 유지하기 쉬워요. 다른 동물이나 곤충, 식물, 세균 등이 사체를 훼손할 수 없게 도와주기도 하지요. 지진이 나서 암석이 갈라지는 일만 없다면, 퇴적암에 묻힌 사체는 화석으로 변하기 마련이에요.

아주 작은 알갱이로 구성된 셰일 점토가 굳어진 암석 지역은 화석이 보존되어 있을 가능성이 높아요. 뼈의 성분과도 비슷한 석회암은 동물의 사체가 모여서 만들어지기도 한답니다. 동물의 사체로 인해 만들어진 석회암 주변에는 여러 동물이 죽어 있을 가능성이 높고 실제로도 동물의 화석이나 뼈 등이 많이 발견돼요.

공룡 화석을 발굴하고 싶다면 퇴적암이 있는 지역부터 샅샅이 찾아보는 게 올바른 순서겠지요?

고비 사막에서 공룡 화석을 발굴하는 모습

★ 코프의 발견 노트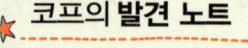

공룡이 화석이 되다

공룡이 죽어서 화석이 되려면 수백만 년이 넘게 걸려요. 공룡 화석의 대부분은 뼈, 이빨, 발톱이고 공룡 알이나 발자국, 피부 자국도 화석으로 남기도 해요. 뼈와 이빨이 남은 화석을 체화석이라고 하고, 발자국이나 똥, 둥지와 같이 살았던 흔적이 남은 화석을 흔적 화석이라고 해요.

공룡 화석이 우리에게 발견되기까지 다음과 같은 과정을 거쳐요.

❶ 공룡이 죽어요. 죽은 공룡의 사체가 최대한 땅에 있어야 해요.

❷ 공룡의 살은 다른 짐승에게 뜯어 먹히거나 썩어 없어지고 뼈만 남아요. 하지만 사체가 없어지기 전에 땅속에 묻히면 좋아요.

❸ 오랜 시간 동안 뼈 위에 지층이 쌓여요. 지층이 단단하게 변하면서 공룡의 뼈나 흔적들이 화석이 되어 가요.

❹ 지층이 깎이면 화석이 겉으로 드러나요.

 ## 공룡의 과거, 화석이 말해 주마!

공룡의 뼈 화석으로 공룡의 크기는 어땠는지, 어떤 모습을 하고 있었는지, 꼬리의 길이는 얼마만큼 되는지 알아낼 수 있어요. 특히 공룡 하면 무엇보다 거대한 몸집이 먼저 생각나잖아요. 보존이 잘된 공룡 뼈가 있다면 공룡의 크기를 정확하게 알 수 있지만 그런 경우는 아주 드물어요. 보통 뼈의 일부나 전체 골격의 일부를 통해 공룡의 크기를 추측해요.

공룡의 이빨 화석을 살펴보고도 알아낼 수 있는 점이 많아요. 이빨 모양을 보면 육식 동물이었는지 아니면 초식 동물이었는지 알 수 있어요.

아이코! 이 충치 좀 봐! 이 공룡은 초식이었나 보군.

마시의 발견 노트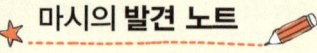

화석으로 공룡의 피부도 알 수 있을까?

보통 공룡의 피부는 악어, 거북 등 파충류처럼 비늘 조직으로 되어 있어요. 어떤 공룡은 솜털이나 깃털로 덮여 있기도 하지요. 이러한 사실은 공룡 화석을 통해 알게 된 거예요.

시노사우롭테릭스_{중국 도마뱀 새}는 등을 따라 잔털이 나 있는 그대로 화석이 되어 중국의 백악기 지층에서 발견되었어요. 카우딥테릭스_{꼬리 깃털}도 꼬리 끝에 부채 같은 깃털이 달린 형태로 중국의 랴오닝 성에서 발견되었지요.

피부 자국이나 깃털은 화석으로 발견되는 일이 많지만, 피부의 색깔에 대해서는 잘 알려져 있지 않아요. 과학자들은 공룡의 피부색을 알아보려고 꾸준히 연구 중이에요. 공룡을 복원하거나 상상할 때 과학자들은 도마뱀이나 악어, 새 등을 참고하여 만든답니다.

하드로사우루스 피부 화석

카우딥테릭스 화석 (홍콩 과학 박물관)

카우딥테릭스 골격
키는 약 70cm 정도로 공룡과 새의 특징이 섞인 것처럼 보인다. 다리가 길고 발가락이 새와 비슷하여 무척 빨리 달릴 수 있었을 것으로 추측한다. 또한 온몸이 깃털로 덮여 있는 것으로 보아 더운피 동물이었을 가능성이 높다.

티라노사우루스의 이빨

 육식 공룡의 이빨은 다른 동물의 살집을 쉽게 뜯어 먹을 수 있게 칼처럼 날카로워요. 반면 초식 공룡의 이빨은 톱니 모양처럼 이빨이 양옆에 지그재그로 나 있어서 식물을 끊거나 자르기 좋아요. 사람의 영구치는 한번 빠지면 다시는 새로 나오지 않지만 공룡의 이빨은 빠져도 계속해서 나온대요. 이것도 화석을 통해 알아낸 사실이에요.

 공룡이 남긴 발자국 화석으로 공룡이 두 발로 걸었는지 아니면 네 발로 걸었는지, 얼마나 빠른 속도로 걸었는지, 몸집은 얼마나 컸는지 등을 예상해 볼 수 있어요. 뿐만 아니라 발자국의 흔적을 따라가 보면 공룡의 습성도 알 수 있지요. 공룡은 주로 혼자 살았을 것으로 추측하지

만, 일부 공룡들은 무리 지어 생활했어요. 먹이나 보금자리를 찾을 때 함께 있으면 다른 동물들의 공격을 피할 수 있어서 안전했거든요.

뾰족뾰족한 3개의 발가락이 찍힌 발자국은 육식 공룡인 수각류의 것이고, 발가락이 없는 듯 뭉툭한 발자국은 초식 공룡인 용각류의 것이에요. 두 발 혹은 네 발로 발가락 끝이 뭉툭한 발자국은 조각류의 것이랍니다. 공룡의 종류에 따라 발자국 모양이 조금씩 달라요.

그런데 공룡의 발자국은 어떻게 화석이 되는 걸까요? 공룡이 땅 위를 걸으면 몸무게 때문에 땅에 깊은 자국이 생겨요. 발자국이 찍힌 그곳에 어떤 물질이 쌓이면 발자국 모습을 그대로 간직한 화석이 되지요.

특히 우리나라에는 백악기에 살았던 공룡의 발자국이 많이 남아 있어요. 1982년에 처음으로 발견된 이후 지금까지 1만 개가 넘는 공룡 발자국 화석이 발견되었어요. 중생대에 우리나라는 공룡의 놀이터였던 셈이에요.

우리나라에서는 공룡의 뼈 화석보다는 발자국 화석이 많이 발견돼요. 아직까지 공룡 화석이 숨겨져 있는 지층이 드러나지 않아 발굴이 쉽지만은 않아요. 화산 폭발과 같은 지각 변동으로 뼈 화석이 많이 없어졌을 거라는 추측도 있답니다. 우리나라의 땅은 단단한 암석으로

남해안 일대의 공룡 발자국 화석

발자국 화석을 흔적 화석이라고 해.

육식 공룡 알

초식 공룡 알

공룡의 분화석

이루어져 있어서 상당히 잘 보존된 공룡 뼈 화석이 나올 수도 있어요.

공룡의 똥도 화석이 되는데, 그것을 분화석이라고 불러요. 분화석을 연구하면 공룡의 식성뿐만 아니라 공룡이 살았던 당시의 주변 환경도 추측할 수 있어요. 똥에는 오래된 세포나 소화액음식물의 소화를 돕는 액체, 미생물눈으로 볼 수 없는 아주 작은 생물 그리고 소화시키지 못한 물질들이 남아 있거든요. 보통 육식 공룡의 똥에는 다른 동물의 뼛조각과 이빨이 발견되고, 초식 공룡의 똥에는 식물 성분이 발견돼요.

공룡도 오늘날의 파충류처럼 알을 낳아 번식했기 때문에 공룡의 알 화석도 종종 발견돼요. 공룡의 알은 새알처럼 아주 작은 것도 있고, 핸

드볼 공만 한 크기도 있어요. 초식 공룡의 알은 대체로 동글동글해요. 반면 육식 공룡의 알은 계란처럼 타원형이지요. 이렇게 화석을 가지고 공룡을 상상하는 일이 참 재미있지 않나요? 공룡은 사라지고 없지만, 공룡의 흔적은 우리와 함께 여전히 살아가고 있어요.

오비랍토르

'알 도둑'이라는 뜻으로 1920년대에 몽골에서 처음으로 발견되었다. 프로토케라톱스의 알과 함께 발견되어 다른 공룡의 알을 훔쳐 먹는 공룡으로 생각했다. 나중에 오비랍토르의 알이라는 사실이 밝혀지면서 오해가 풀렸다. 하지만 이름은 그대로 사용되고 있다. 1990년대 고비 사막에서 알을 품은 채 죽은 오비랍토르 화석이 발견되어 공룡도 새처럼 알을 품고 보호했다는 사실이 밝혀졌다.
오비랍토르는 칠면조만 했고 다른 수각류 공룡과 달리 이빨이 하나도 없는 부리를 갖고 있었다. 대신 입 천장에 아주 작고 뾰족한 이빨 2개가 나 있었다.

- 뼈로 된 볏
- 이빨이 없는 부리
- 체온을 유지시켜 주는 솜털

★ 마시의 발견 노트

초식 공룡은 돌까지 먹었다!

초식 공룡 가운데 용각류는 보통 몸무게가 30톤이 넘었어요. 엄청난 몸집을 유지하기 위해 하루에 먹는 식물만 1톤이 넘었지만 이빨이 빗처럼 생겨서 제대로 씹을 수 없었어요. 하지만 음식을 소화시키는 데는 전혀 문제가 없었어요. 바로 위석이라는 돌 때문이었지요.

용각류 공룡들은 일부러 돌을 삼켜서 음식물을 소화시켰어요. 위 속으로 들어간 위석은 딱딱한 식물의 가지를 부숴 주었지요. 지금까지 발견된 거대한 용각류 화석에서는 60개가 넘는 위석이 발견되기도 했어요. 위석이 닳고 닳아 제 기능을 하지 못하면 새로운 위석을 삼켰을 것으로 추측해요.

공룡의 위석
닭이나 새처럼 일부 공룡들도 돌을 삼켜 먹이를 소화시켰다.

세계의 공룡 화석 산지

공룡 화석은 아프리카 사하라 사막에서 남극에 이르기까지 전 세계에서 발견되고 있어요. 물론 우리나라에서도 백악기에 살았던 공룡 화석이 발견되었지요. 세계 지도를 보고 어떤 화석들이 어디에서 발굴되었는지 살펴볼까요?

영국 쥐라기와 백악기의 지층이 많아서 다양한 종류의 공룡 화석이 발견되었어요. (이구아노돈, 힙실로포돈, 바리오닉스 등)

벨기에 탄광 베르니사르에서 30개가 넘는 이구아노돈 화석이 발견되었어요.

독일 보존 상태가 매우 좋은 공룡 화석들이 발견되었어요. (플라테오사우루스, 콤프소그나투스 등)

프랑스 1859년 공룡 알 화석이 최초로 발견되었어요. (바리랍토르 등)

몽골 세계 최초로 공룡 알 둥지가 발견되었어요. 주로 고비 사막에서 많이 발굴돼요. 공룡 화석이 모래에 덮여 있어서 발굴 작업이 쉽기 때문에 공룡학자들이 가장 좋아하는 장소이기도 해요. (프시타고사우루스, 벨로키랍토르, 오비랍토르, 프로토케라톱스 등)

인도 남부 타킬 나두 지방에서 수백 개의 공룡 알 화석이 발견되었어요. 데칸 고원에서는 백악기 후기 공룡 화석이 많이 발견되고 있어요. (아벨리사우루스 등)

마다가스카르 가장 오래된 공룡의 턱뼈 2개가 발견되었어요.

탄자니아 1907년 한 독일인 기술자가 거대한 공룡 뼈를 우연히 발견하면서 엄청난 수의 뼈 화석이 발굴되었어요. (브라키오사우루스, 켄트로사우루스 등)

흐음, 어디 보자!

캐나다 사람이 살지 않는 땅 배드랜드는 북아메리카 최대의 공룡 유적지예요. 유네스코에서 세계 문화유산으로 지정하여 관리하고 있지요. (알베르토사우루스 등)

미국 알래스카 주는 미처 화석이 되지 못한 공룡의 뼈가 냉동 상태로 발견되었어요. 그래서 보통 화석에서 얻을 수 없는 몸속 기관에 대한 정보를 얻을 수 있었지요.

미국 애리조나 주나 유타 주 (특히 클리블랜드)에서 대형 공룡 발자국의 화석이 많이 발견되었어요. (스테고사우루스, 캄프토사우루스, 케라토사우루스, 브론토사우루스 등)

대한민국 아주 중요한 공룡 발자국 화석지가 많아요. 특히 고성은 공룡 발자국 화석이 대규모로 발견되어 세계의 주목을 받고 있어요.

중국 미국에 이어 두 번째로 많은 종류의 공룡 화석이 발견되었어요. 쓰촨 성은 쥐라기 때의 공룡 화석이 세계에서 가장 많이 발견되는 곳이에요. (프시타코사우루스, 시노사우롭테릭스 등)

아르헨티나 공룡 이외에도 중생대의 동물 화석이 많이 발견되었어요. 가장 오래전에 살던 공룡인 에로랍토르의 화석도 발견되었지요. (살타사우루스, 카르노타우루스, 에오랍토르 등)

아직도 수많은 공룡 뼈가 곳곳에 묻혀 있을 거야.

공룡은 찬피 동물일까, 더운피 동물일까?

체온이 일정하게 유지되면 소화나 혈액 순환 같은 몸속의 주요 기능이 잘 작동하기 때문에 살아가는 데 효과적이다. 그러나 동물 중에는 체온이 일정하지 않은 종류도 있다. 바로 도마뱀이나 뱀과 같은 찬피 동물_{변온 동물}로, 이들은 체온을 유지하기 위해 햇빛과 그늘 사이를 왔다갔다한다. 포유류나 새와 같은 더운피 동물_{정온 동물}이 음식을 먹고 에너지를 얻어 체온을 조절할 수 있는 것과는 다르다.

공룡이 파충류라면 찬피 동물이라는 점이 확실할 것이다. 공룡 화석이 발견된 지 180여 년이 지나는 동안 과학자들은 공룡이 파충류라는 사실을 거의 의심하지 않았다. 해부학적으로도 공룡의 머리뼈, 턱뼈, 이빨이 파충류의 것과 많이 닮았기 때문이다. 또 공룡은 알을 낳고 피부도 비늘로 덮여 있었다. 물론 엉치뼈, 등뼈, 다리뼈가 파충류와는 다른 점이 있었지만 무시되었다.

그런데 사실은 그렇지가 않았다!
공룡이 파충류와 포유류의 특징을 두루 갖추고 있기 때문에 온전히 파충류라고 볼 수 없으며, 그 일부는 더운피 동물이었다는 주장이 강력하게 등장하였다. 그 증거들을 살펴보면 더욱 설득력이 있다.

공룡이 더운피 동물이라는 증거

- 찬피 동물로 보기에는 몸집이 너무 크다. 몸무게가 10톤이나 나가는 공룡이 체온을 유지하고 1℃를 높이기 위해서는 밤낮 없이 86시간 동안 계속 햇빛을 쐬

어야 한다. 이것은 현실적으로 불가능한 이야기이다.
- 공룡의 골격 속에는 하버스관뼈 안에 있는 관으로 혈액이나 다른 물질이 이동함이 있는데, 이것은 찬피 동물에서는 찾아볼 수 없고 더운피 동물에게만 있는 특이한 기관이다.
- 우리나라 남해안에서 나타난 발자국 화석을 보면 육식 공룡이 3%를 넘지 않는다. 이 말은 먹이 동물이 포식 동물에 비해 매우 많았다는 증거이다. 즉, 사자나 호랑이와 같은 육식 동물의 수가 먹이가 되는 초식 동물보다 매우 적었다는 것이다. 더운피 동물은 찬피 동물보다 활동적이기 때문에 많이 먹고 에너지를 쌓아 두어야 한다. 그러므로 먹이 동물이 더 많고 포식 동물의 수가 크게 차이가 난다는 것은 공룡이 더운피 동물에 가깝다는 증거가 된다.
- 공룡의 발자국 화석은 공룡이 몸무게를 모두 다리에 싣고 걸었다는 점을 알려 준다. 이런 점은 공룡이 파충류보다 포유류에 더 가깝다는 것을 뜻한다. 파충류는 배 부위와 꼬리를 땅바닥에 대고 기어 다니지만, 포유류는 몸무게를 다리에 온전히 싣고 걸어 다닌다. 공룡의 발자국은 포유류의 것에 가깝다.
- 티라노사우루스 렉스의 화석을 분석한 결과 몸의 각 부위 온도 차가 매우 적었다. 이것 역시 더운피 동물의 특징이다.

한편, 공룡의 체온이 포유류와 비슷하지만 더운피 동물처럼 항상 일정한 체온을 유지하지는 못했을 것이라는 의견도 있다. 몸집이 크면 체온의 변화가 느리게 일어나 체온 유지가 쉽기 때문이다. 공룡이 찬피 동물이라 하더라도 환경에 의존하기 때문에 체온이 따뜻했을 것이라는 분석도 있다. 그렇다면 실제로 공룡은 찬피 동물일까, 더운피 동물일까?

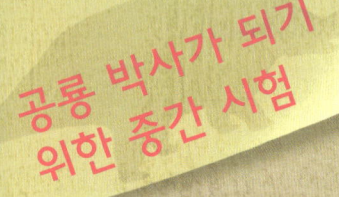

공룡 박사가 되기 위한 중간 시험

본문을 잘 읽었는지 한번 점검해 볼까요? 다음 문제를 읽고 답해 보세요. 잘 모르겠다면 본문을 다시 읽어 보세요.
(정답은 147쪽에 있어요.)

1 지질 시대 동식물의 뼈와 같은 유해나 알, 발자국, 똥 등의 흔적이 남은 것을 무엇이라고 할까요?

....

2 다음 사진을 보고, 어떤 화석인지 연결하세요.

(1)  •   ㄱ 흔적 화석

(2)  •   ㄴ 체화석

3 다음은 어떤 공룡의 발자국일까요?

힌트 수각류, 조각류, 용각류

(1) .... (2) .... (3) ....

3장
공룡 전성기

우지끈! 대륙이 움직이고 있어!

여러분, 우리가 사는 대륙이 움직이고 있어요.
우리가 알고 있는 6개의 큰 땅덩이가 사실은
하나의 큰 대륙이었던 시대가 있었어요. 공룡은 이
시대를 겪은 동물이랍니다. 공룡을 통해 대륙이
이동했다는 증거를 찾아볼까요?

1915년
대륙 이동설을 주장한 어느 학자로부터

세계 곳곳에서 발견되는 공룡 화석들

공룡 화석은 세계 여러 나라에서 발견되고 있어요. 그런데 바다를 사이에 두고 각각 다른 지역에서 같은 동식물의 화석이 발견되기도 해요. 메소사우루스 중간 정도 크기의 도마뱀 화석이 대표적이지요. 메소사우루스 화석은 대서양을 사이에 두고 멀리 떨어진 남아메리카와 아프리카에서 똑같이 발견되었지만, 다른 대륙에서는 발견되지 않았어요. 이건 어떤 의미일까요?

그건 바로 천문학자이자 기상학자였던 알프레드 베게너가 제안했던

빙하의 흔적과 분포
오늘날의 대륙에서 찾을 수 있는 빙하의 흔적을 한데 모아 보면 남극에서 만나는 걸 알 수 있다.

오늘날의 대륙 모습

아프리카
인도
남아메리카
오스트레일리아
남극

대륙 이동설과 관계가 있어요. 베게너는 오늘날 아시아, 남아메리카, 북아메리카, 유럽, 아프리카, 오세아니아, 남극 대륙이 원래는 하나의 커다란 대륙이었다는 가설을 세웠어요. 그리고 직접 지도를 여러 조각으로 나눈 다음 각 대륙의 해안선들을 퍼즐처럼 맞추어 보았지요. 그러자 아프리카 서부 해안선과 남아메리카의 동부 해안선이 딱 맞아 떨어졌고, 다른 대륙들 역시 하나로 합해졌어요.

잠정적인 결론

대륙을 붙였을 때의 화석 분포
대륙을 이어 붙이면 오늘날 서로 떨어진 곳에서 발견된 화석 분포 지역이 연결된다는 사실을 알 수 있다.

 베게너는 새롭게 나타난 거대한 대륙을 판게아라고 이름 지었어요. 그리스 어로 '하나'라는 뜻을 가진 '판pan'과 '대지의 여신'이라는 뜻의 '가이아gaia'를 합해서 만든 이름이었지요. 1915년 베게너는 『대륙과 해양의 기원』이라는 책을 발표하고 '아주 오랜 옛날에 판게아라는 초대륙이 있었다'고 주장했어요. 판게아가 아프리카, 유럽, 아메리카 대륙으로 나뉘어졌고, 이것이 점점 더 쪼개져 지금의 대륙이 되었다는 주장이었어요. 이것이 바로 대륙 이동설이랍니다.
 아주 오래전 초대륙에 함께 살았던 동식물들은

아주 오랜 옛날에는 거대한 대륙이 있었는데, 이것이 쪼개지고 이동하여 오늘날의 대륙이 되었지.

대륙이 이동하면서 서로 떨어질 수밖에 없었어요. 그래서 같은 동식물이 오늘날 서로 다른 지역에서 화석으로 발견되는 거예요. 식물은 말할 것도 없고, 동물이라도 쉽게 큰 바다를 건너갈 수는 없었겠지요? 메소사우루스 화석이 아프리카 대륙 동쪽과 남아메리카 대륙 서쪽에서, 그것도 같은 시기의 암석에서 발견된다는 사실은 대륙이 움직인다는 것을 증명하는 거예요.

이와 비슷한 일이 또 하나 있어요. 2006년 중국 과학자들은 1억 6000만 년 전 쥐라기 후기에 살았던 초대형 초식 공룡 디플로도쿠스

디플로도쿠스

디플로도쿠스의 전체 몸길이는 약 25m 정도 되지만 몸무게는 고작 코끼리 2마리에 불과했다. 몸길이의 대부분이 목과 꼬리가 차지하는 까닭에서다.

상당히 작은 머리

목뼈 일부는 속이 비어 있고 목의 길이는 7~8m에 이른다.

70여 개의 꼬리뼈가 긴 꼬리를 유지한다.

공룡 가운데 목이 가장 길고 목 길이만 13m에 이른다.

긴 꼬리

마멘키사우루스

마멘키는 공룡 화석이 처음 발견된 중국의 지명이다. 마멘키사우루스의 몸길이는 약 22m 정도로 부드러운 나무나 침엽수 잎을 먹었다. 성격이 온순하고 무리 지어 살면서 먹이를 찾아 옮겨 다녔다.

이중의 기둥 여덟 마리의 화석과 몸길이가 35m에 달하는 마멘키사우루스 중국 쓰촨 성 마멘키 지방의 공룡의 화석을 발굴했어요. 대륙 이동설을 증명할 수 있는 화석 발굴이었기 때문에 중국의 국영 방송인 시시티브이CCTV는 발굴 과정을 생중계 할 정도로 높은 관심을 나타냈어요.

그동안 용각류 공룡 화석은 아프리카의 탄자니아, 남아메리카의 아르헨티나 등지에서만 발견되었거든요. 하지만 아시아에 속하는 중국에서 발굴되자 지구가 한때 하나의 초대륙이었다고 주장한 베게너의 주장에 관심이 높아졌어요. 설마 공룡이 남아메리카에서 아시아까지 헤엄쳤을 것이라고 생각하는 사람은 없겠지요?

 공룡, 지구의 역사를 뒤바꿔 놓다

중생대를 주름잡던 공룡들도 대륙의 움직임을 피할 수는 없었어요. 거대한 대륙을 움직이게 만든 판 내부의 힘 때문에 공룡들은 서로 헤어질 수밖에 없었지요. 그리고 오랜 시간을 거쳐 조금씩 다른 모습으로 진화했어요. 지구 내부에 있던 에너지가 바깥으로 많이 나오면서 지구의 기후는 점점 따뜻해졌어요. 중생대는 대체로 기후가 온화했답니다.

중생대 트라이아스기에 공룡들이 처음 등장했어요. 트라이아스기는

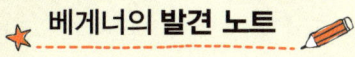 베게너의 발견 노트

대륙 이동설을 주장한 학자들

베게너는 1880년 11월 1일에 독일 베를린에서 태어났어요. 열대 기후, 온대 기후, 냉대 기후 등 세계의 기후 구분을 시도한 쾨펜의 사위로도 알려져 있지요. 베게너는 대학에서 천문학을 공부하고 박사가 되었지만 기상학에도 관심이 많았어요.

1915년 베게너는 『대륙과 해양의 기원』에서 '대륙은 이동하고 있으며 옛날에 판게아라는 큰 대륙이 있었다'고 주장했어요. 베게너는 대륙 이동의 증거를 다양하게 수집했지만 정작 결정적인 증거를 제시하지는 못했어요. 그러던 중 증거를 찾기 위해 그린란드를 탐험하다가 실종되고 말았지요.

훗날 여러 과학자들의 연구와 노력 끝에 대륙 이동설은 하나의 이론으로 굳어졌어요. 오늘날 베게너의 업적을 기리기 위해 화성과 달에는 그의 이름을 딴 베게너 충돌구가 있고, 소행성 29277은 베게너로 불린답니다.

영국의 지질학자였던 홈스는 대륙을 움직이는 힘에 대해 하나의 가설을 세웠어요. 그는 지구 속 맨틀이 움직인다고 생각했지요. 홈스는 부분적으로 뜨거워진 맨틀이 서서히 움직이면 맨틀 위에 있는 대륙도 움직인다고 설명했어요. 이를 맨틀 대류설이라고 해요. 하지만 홈스도 맨틀이 움직인다는 증거를 내놓지는 못했어요.

1960년대에 이르러 미국의 과학자 헤스와 디츠가 해저 확장설을 주장했어요. 깊은 바닷속에 육지와 같은 산맥이 존재한다는 사실을 알게 되었는데, 두 사람은 뜨거운 맨틀이 바깥으로 흘러나와 산맥이 된 거라고 말했어요. 좌우로 흘러나온 맨틀로 인해 새로운 땅이 생겨나고 그 움직임으로 대륙이 이동했다는 거였지요.

바닷속 바닥(해저)이 좌우로 확장된다는 사실은 대륙 이동설과 맨틀 대류설에서 대륙이 수평 방향으로 움직인다는 주장과 맞아떨어졌어요. 이렇게 과학적이고 논리적인 증거가 속속 등장하자 대륙 이동설은 학설로 굳어지기 시작했답니다.

2억 5000만 년 전부터 2억 300만 년 전까지의 시기를 말해요. 트라이아스기의 기후는 사막처럼 건조하고 따뜻했어요.

지구에 처음 나타난 공룡은 키가 2m 정도밖에 되지 않는 자그마한 체구였어요. 요즘의 농구 선수들만 했다고 생각하면 이해하기가 쉽지요? 트라이아스기가 끝날 무렵 코엘로피시스뼛속이 비어 있다는 뜻 같은 육식 공룡이나 플라테오사우루스납작한 도마뱀 같은 원시 용각류가 나타나면서 조금씩 공룡들의 숫자가 늘어나기 시작하였어요.

트라이아스기가 끝난 2억 300만 년 전부터 1억 3500만 년 전까지의 시기를 쥐라기라고 말해요. 이때쯤부터 판게아가 분리되었고, 북아메리카와 유럽, 유럽과 아프리카 사이에 바다가 생겼는데, 바로 오늘날의 대서양과 지중해였어요.

움직이는 대륙, 변화하는 지구

① **트라이아스기**: 지구는 판게아라는 거대한 초대륙의 모습을 하고 있었고, 판타랏사라는 큰 바다가 있었다.

② **쥐라기**: 대륙이 움직이면서 판게아가 여러 부분으로 나누어졌다. 북쪽에 로라시아, 남쪽에 곤드와나가 생겼다.

③ **백악기**: 로라시아와 곤드와나가 더 작은 대륙으로 쪼개졌고 서서히 움직이면서 오늘날과 가까운 모습으로 바뀌었다.

바다가 생겨 날씨가 조금씩 선선해지자 식물의 종류도 다양해졌어요. 은행나무와 소철 같은 겉씨식물씨가 겉으로 드러나는 식물이 번성하였고 속씨식물씨방 속에 씨가 들어 있는 식물도 속속 생겨나기 시작하였지요.

쥐라기에는 공룡의 수가 엄청나게 늘어났어요. 긴 목을 가진 용각류와 스테고사우루스 같은 검룡류 그리고 알로사우루스 같은 수각류가 지구를 지배했지요. 또한 거대한 육식 공룡들도 나타나기 시작했어요. 그 공룡들은 송곳 같은 이빨과 발톱으로 먹잇감을 자유자재로 사냥할 수 있었어요.

대륙의 이동으로 바다가 생기자 비가 많이 내려 습도가 점차 높아졌어요. 이러한 환경은 식물이 더욱 잘 자랄 수 있도록 해 주었어요. 목이 길고 덩치가 큰 브라키오사우루스 같은 초식 공룡은 그런 변화를 무척

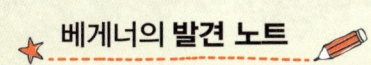

최초의 공룡

공룡이 최초로 등장한 때는 트라이아스기였어요. 첫 주인공은 바로 수각류 공룡들이었지요. 그 가운데 하나인 에오랍토르는 육식 공룡이지만 몸집이 작고 엉덩뼈도 단순했어요. 걸음걸이가 빨라 다른 공룡들이 따를 수가 없을 정도였다고 해요. 에오랍토르는 '새벽의 도둑'이라는 뜻을 갖고 있어요. '새벽'은 공룡 시대가 막 시작되었다는 뜻에서 붙인 거랍니다.

반겼을 거예요. 시간이 흐르자 하늘에는 원시 조류인 시조새_{고대의 날개}가 여기저기 눈에 띄었어요.

중생대의 마지막 시기인 백악기는 1억 3500만 년 전부터 6500만 년 전까지의 기간이에요. 백악기는 겉씨식물뿐만 아니라 속씨식물의 하나인 쌍떡잎식물_{싹이 틀 때 나오는 떡잎이 2장인 식물}도 번성했어요. 대륙이 점점 더 갈라지면서 바다도 조금씩 더 많이 생겨났어요. 하지만 그때까지도 오스트레일리아, 남극, 남아메리카는 오늘날의 모습과는 달리 서로 연결되어 있었어요.

백악기가 되자 공룡의 수는 최대로 늘어났고, 사람들에게 널리 알려진 티라노사우루스 렉스와 트리케라톱스 등 여러 종류의 공룡이 번성했어요. 게다가 공룡의 모습도 훨씬 다양해졌어요. 골판이나 뿔, 골편

★ 베게너의 발견 노트

공룡은 얼마나 컸을까?

세이스모사우루스는 몸집이 가장 큰 공룡 가운데 하나로 몸길이가 50m에 이른다고 해요. 우리가 100m 달리기를 할 때 딱 절반까지 뛰어야 겨우 볼 수 있을 정도의 길이지요. 기차로 치면 열차 2칸에 해당되는 길이라고 하니 정말 엄청나지요? 또 아르헨티노사우루스라는 공룡은 몸무게가 100톤에 이른대요. 코끼리 20마리를 합한 무게와 비슷하답니다.

뼛조각, 골침, 곤봉과 같은 화려한 장식을 가진 공룡들이 많이 나타났어요. 이 장식들은 화려하게 보이기 위한 것이라기보다는 다른 동물로부터 몸을 보호하기 위한 수단이었어요.

과학자들은 대륙이 이동하고 자연환경이 바뀌자 공룡들도 그에 맞춰 변화하면서 살았을 것으로

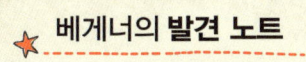

⭐ 베게너의 발견 노트

머리가 좋은 공룡과 나쁜 공룡

보통 동물의 지능을 추측할 때는 몸과 뇌의 크기를 비교해 봐요. 뇌의 비율이 크면 클수록 지능이 높을 것이라고 생각해요. 실제로 인간은 동물 가운데 몸에서 뇌가 차지하는 비율이 가장 높아요.

공룡 가운데 몸에 비해 뇌의 비율이 가장 컸던 공룡은 트루돈이에요. 키가 약 1.8m 정도로 사람 키와 비슷한 트루돈의 뇌는 복숭아씨 정도로 작았지만, 신체에 비해 상당히 큰 비율을 차지했어요. 트루돈은 공룡뿐만 아니라 중생대 포유류보다도 지능이 높았을 거예요. 트루돈 다음으로 똑똑한 공룡은 데이노니쿠스, 벨로키랍토르, 유타랍토르 등이 있어요.

반면 스테고사우루스는 몸길이가 7m에 이르는 초식 공룡으로 20인승 마을버스만 한 커다란 몸집에도 불구하고 탁구공 크기의 작은 뇌를 지니고 있었어요. 공룡 가운데 몸집에 비해 뇌의 크기가 가장 작았지요.

추측해요. 결국 멸종하여 지금은 존재하지 않지만, 공룡은 주변 환경에 맞추어 진화를 했기 때문에 약 1억 8000만 년이라는 기간 동안 지구의 주인으로 살아갈 수 있었던 게 아닐까요?

시기에 따른 육식 공룡의 진화
초기의 육식 공룡은 매우 작고 원시적이었다. 백악기가 되자 가장 몸집이 큰 육식 공룡이 등장하였는데 송곳 같은 날카로운 이빨과 발톱으로 사냥을 했다.

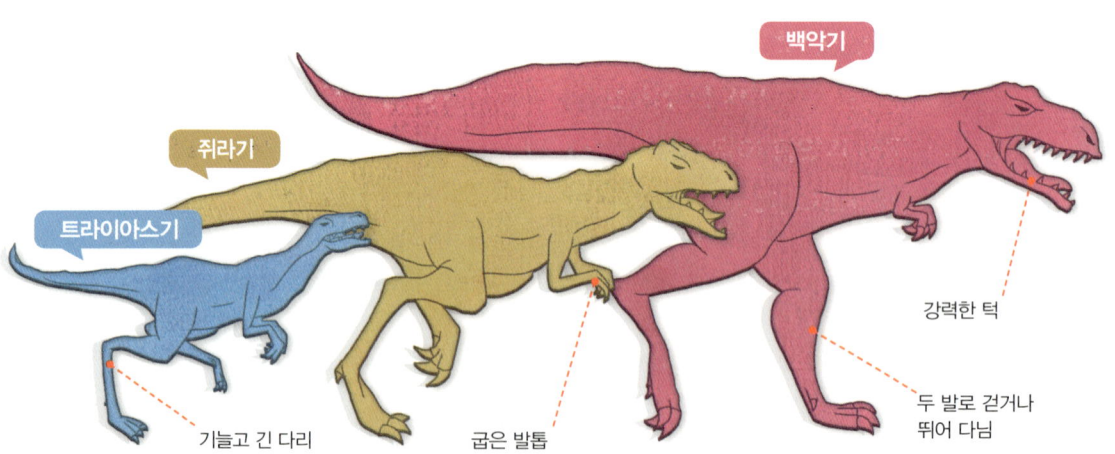

익룡과 어룡은 공룡일까, 아닐까?

사람들은 하늘을 날아다니던 익룡과 바다를 누비던 어룡을 공룡으로 생각한다. 이름도 공룡과 많이 닮아 있다. 과연 익룡과 어룡도 공룡의 한 종류일까?

익룡은 공룡과 함께 트라이아스기에 나타나 빠르게 진화하였다. 가장 오래된 트라이아스기의 화석을 살펴보면, 익룡은 완전히 진화된 모습으로 나타났다. 이탈리아에서 발견된 유디모르포돈진짜 두 가지 모양의 이빨은 익룡의 일반적인 특징들을 모두 갖고 있다. 익룡은 속이 빈 뼈, 긴 목, 짧은 몸, 긴 뒷다리와 작은 골반 그리고 날개로 변한 앞발 등을 가지고 있다. 익룡은 날개 덕분에 천적자신을 잡아먹는 동물을 피해 하늘에서 자유롭게 번성할 수 있었고 전 세계로 쉽게 퍼져 나갔다. 익룡의 날개는 깃털이 있는 다른 새와 달리 박쥐와 비슷한 피부막으로 구성되어 있다. 박쥐는 앞 발가락 4개로 피부막을 지탱하는 반면, 익룡은 기다란 네 번째 앞 발가락만으로 날개를 지탱한다.

지금까지 하늘을 누빌 수 있는 척추동물은 파충류인 익룡과 새 그리고 포유류인 박쥐뿐이다. 이 가운데 익룡은 가장 먼저 하늘을 차지한 동물이다. 어떻게 익룡은 날 수 있게 진화한 것일까? 잠자리, 박쥐, 새 그리고 익룡은 모두 날개를 가지고 있다. 이들의 날개는 겉모만 비슷할 뿐 실제로는 각기 다르게 진화했지만 하늘을 나는 동물에게 커다란 도움이 되었다. 천적을 피하고 먹이를 찾기 위해 여러 지역을 돌아다닐 수 있었기 때문이었다.

유디모르포돈

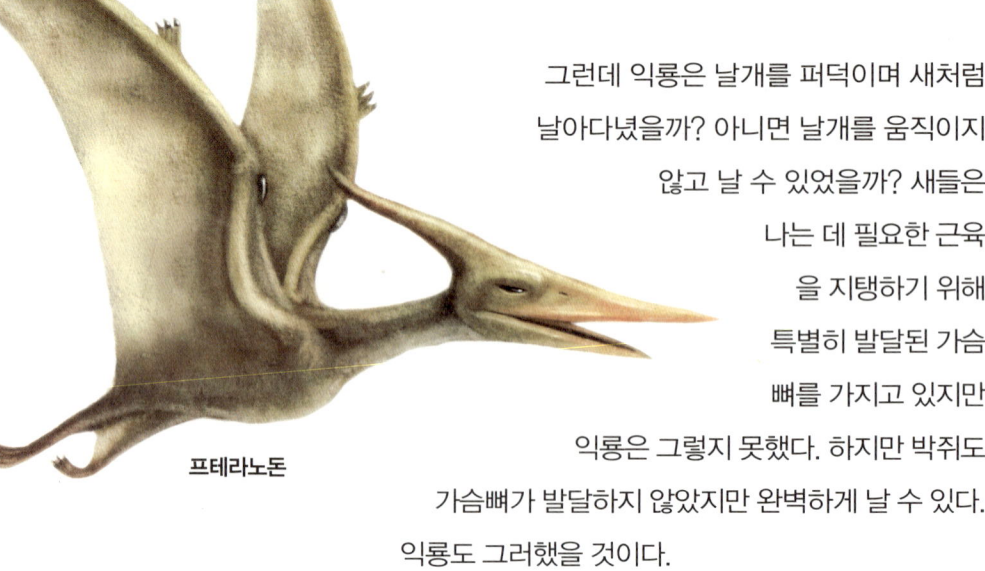
프테라노돈

그런데 익룡은 날개를 퍼덕이며 새처럼 날아다녔을까? 아니면 날개를 움직이지 않고 날 수 있었을까? 새들은 나는 데 필요한 근육을 지탱하기 위해 특별히 발달된 가슴뼈를 가지고 있지만 익룡은 그렇지 못했다. 하지만 박쥐도 가슴뼈가 발달하지 않았지만 완벽하게 날 수 있다. 익룡도 그러했을 것이다.

어룡은 물고기와 비슷하게 진화한 파충류의 가장 좋은 예다. 유타추사우루스는 일본에서 발견된 가장 원시적인 어룡 가운데 하나이다. 몸길이가 약 1.5m 정도로 머리뼈는 도마뱀과 비슷하고, 길고 날렵한 몸에 가늘고 기다란 꼬리를 갖고 있다.
이보다 훨씬 더 진화한 어룡으로는 독일과 영국에서 발견된 이크티오사우루스_{물고기 도마뱀}가 있다. 머리와 몸은 많이 변형되어 돌고래와 비슷하고 머리는 작은 반면, 주둥이가 길고 이빨이 잘 발달했다. 척추뼈의 경우 원시적인 어룡은 구조가 복잡하지만 점점 단순한 원반 모양으로 진화했다. 앞 물갈퀴는 더 짧아지고 앞 발가락뼈의 수가 많이 늘었다. 앞 발가락뼈 역시 작은 원형으로 바뀌었다. 이들은 백악기에 멸종할 때까지 거의 몸 형태가 바뀌지 않았다.
어룡은 일반적으로 시각이 매우 발달했다. 눈구멍이 매우 크고, 눈동자는 얇은 뼈로 둘러싸여

유타추사우루스

있었다. 이 뼈를 이용해 수압에 따라 눈동자의 모양을 변화시켰고, 정확하게 초점을 맞추며 먹이를 따라갈 수 있었다. 주둥이는 매우 길어 돌고래와 비슷하였고, 이빨도 길고 뾰족해 물고기를 잡아먹을 수 있었다.

발견 초기에는 어룡이 해양 파충류이기 때문에 바다거북처럼 암컷이 모래사장으로 올라와 알을 낳았을 것이라고 생각했다. 그러나 독일에서 새끼를 반쯤 낳다가 죽은 어룡의 화석이 발견되었다. 이 사실은 어룡이 알이 아닌 살아 있는 새끼를 낳는다는 증거였다. 또한 새끼는 돌고래처럼 꼬리부터 먼저 나오는 것으로 확인되었다.

지금까지 밝혀진 사실들을 보면 하늘과 바다를 지배했던 익룡과 어룡은 공룡이 아니라 공룡과 가까운 파충류였다. 하지만 이렇게 확신하기에는 공룡과 비슷한 점이 매우 많은 것도 사실이다. 만약 앞으로 공룡과 비슷한 점이 계속해서 발견된다면 익룡과 어룡은 공룡으로 인정받을 수 있을까?

플레시오사우루스

공룡이 살았던 시대를 찾아라!

공룡이 살았던 중생대는 트라이아스기, 쥐라기, 백악기로 나눌 수 있어요. 그럼 각 시대의 대륙은 어떤 모습이었을까요? 공룡이 살았던 시대와 대륙의 모습을 짝지어 봅시다.
(정답은 147쪽에 있어요.)

4장

공룡이 모두 사라지다

으슬으슬 공룡이 사라지다!

공룡은 중생대를 주름잡았고, 인류가 등장하기 전까지 지구를 지배했던 거대한 동물이었어요. 하지만 6500만 년 전에 일어난 어떤 사건으로 지구에서 몽땅 사라져 버렸어요. 더는 지구에서 찾아볼 수 없지요. 대체 무슨 일이 벌어진 걸까요?

1980년
운석 충돌로 공룡이 사라졌다고 주장한 어느 학자로부터

공룡 멸종의 수수께끼를 풀어라!

공룡을 만나려고 동물원에 가는 친구는 없을 거예요. 사람들은 공룡이 지구에서 모두 사라졌다는 사실을 알고 있거든요. 하지만 공룡이 살았던 모습이나 공룡이 사라진 것을 눈으로 직접 본 사람은 아무도 없어요. 공룡이 사라졌을 때는 인류가 지구에 등장하기 훨씬 이전이었으니까요.

공룡 화석을 보면 공룡이 지구에 살았다는 사실만은 분명해요. 하지만 공룡이 사라진 원인은 끊임없는 논란거리_{여럿이 서로 다른 주장으로 다투는 대상}예요. 공룡이 왜 사라졌는지, 한 마리도 남지 않고 모두 사라진 이유가 무엇인지 과학자마다 의견이 달랐거든요. 공룡의 멸종 원인은 조금 황당한 주장까지 보태면 무려 100여 가지가 넘어요. 사람들이 공룡의 멸종에 대해 어떤 주장을 하는지 한번 살펴볼까요?

우선, 지구의 기후가 갑자기 추워져서 공룡이 모두 사라졌다는 주장이 있어요. 이를 기온 저하설이라고

해요. 로라시아 대륙이나 곤드와나 대륙이 극지방으로 이동하면서 조금씩 빙하가 생겨났어요. 빙하가 햇빛의 대부분을 반사시키자 지구의 기온은 아주 차가워졌고, 그 바람에 많은 동식물이 멸종되었다는 이론이지요. 공룡도 그 가운데 하나래요.

그런데 왜 하필 공룡이 멸종된 걸까요? 중생대 백악기 말에는 공룡을 비롯하여 익룡과 어룡이 전부 멸종했어요. 반면 그림과 같이 포유류, 거북류, 악어류, 조류 등 많은 동물이 살아남았지요. 이러한 사실들을 볼 때 과학자들은 기온 저하설이 공룡의 멸종 원인을 완벽하게 설명하지 못한다고 생각해요.

어떤 과학자는 공룡의 방귀 때문에 숨통이 막혔거나 산소가 부족하여

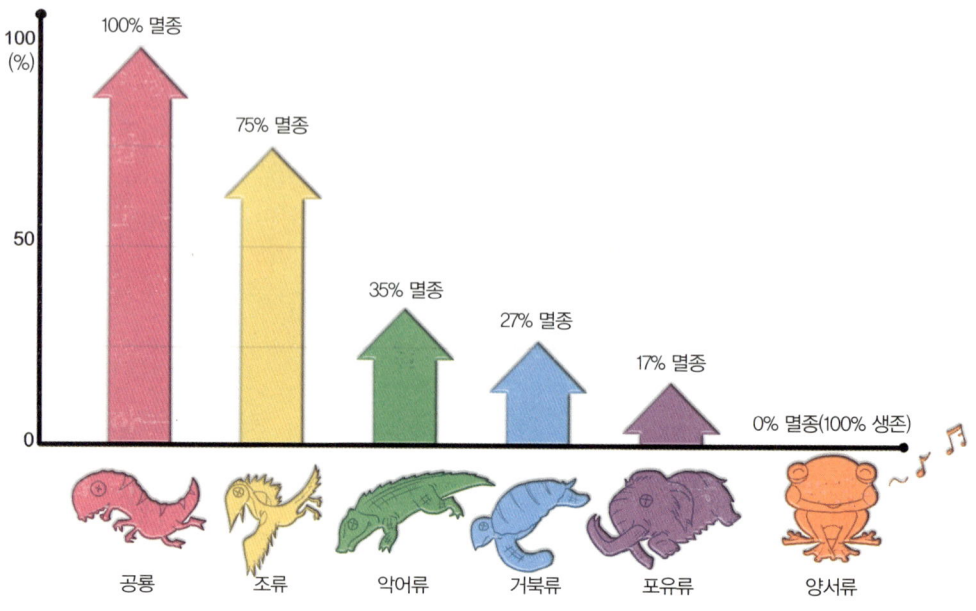

공룡이 죽었다는 주장을 펼쳤어요. '방귀 때문에 멸종하다니……' 하고 생각할 수도 있지만, 이러한 주장이 단순한 우스갯소리는 아니에요. 공룡이 내뿜은 방귀가 지구 온난화를 일으켰을 것이라는 과학자들의 연구 결과도 있거든요.

특히 엄청난 식성을 가진 초식 공룡은 많은 양의 방귀를 내뿜었을 거예요. 방귀 성분 중에는 메테인 가스가 있는데, 이 가스가 지구의 기온을 올리는 데 한몫했을지도 몰라요. 하지만 초식 공룡이 위석을 이용해 음식을 소화했기 때문에 메테인 가스를 많이 만들지는 않았을 거라는 반대 의견도 있어요.

공룡의 멸종 원인에 관해 또 다른 주장이 있어요. 바로 백악기 후기로 갈수록 머리에 달린 뿔이나 장식물들이 무거워져서 머리를 들지 못해 죽었다는 거지요.

정말 공룡들이 머리가 무겁다는 이유로 전부 지구에서 영원히 사라진 걸까요? 하지만 머리에 장식이 없던 공룡도 있었고, 익룡과 어룡까지 모두 멸종한 점은 어떻게

고사리
대표적인 양치식물로 높이는 1m 정도 된다.
지질 시대 중 고생대 데본기부터 고사리를 비롯한
다양한 양치식물이 번성했다.

설명할 수 있을까요? 이 주장 역시 많은 사람의 공감을 얻지는 못했어요.

한편 변비 때문에 공룡들이 멸종되었다는 의견도 있답니다. 초식 공룡들이 섬유질이 풍부한 양치식물^{양의 이빨 모양처럼 가지런히 생겼다고 해서 붙여진 이름으로 고사리가 대표적}을 먹지 못해 변비에 걸렸고, 육식 공룡들은 그런 초식 공룡을 잡아먹어 생태계가 파괴되었다는 거예요. 결국 이러한 상황이 공룡 모두를 멸종에 이르게 했다고 합니다.

뿐만 아니라 백악기 말부터 점점 늘어난 포유류가 공룡 알을 몰래 가지고 가는 바람에 번성하지 못하고 멸종했다는 주장도 있어요.

알바레즈의 발견 노트

공룡은 얼마나 살았을까?

공룡의 수명은 종류마다 차이는 있지만, 평균 50년 정도라고 해요. 적어도 100년 이내에는 수명을 다하는 거지요. 공룡은 태어날 때는 아주 작지만 성장을 시작하면 엄청난 크기로 자라요.

티라노사우루스 렉스의 평균 수명은 약 30년 정도예요. 태어난 직후에는 성장 속도가 느리지만, 본격적으로 자라기 시작한 뒤로 14년이 지날 때까지 폭발적으로 성장해요. 특히 태어난 지 14~18년 동안에는 하루에 2kg씩 늘어, 몸무게가 3톤이 넘게 커져요. 태어난 지 20년이 되면 성장을 멈추고 10년 정도 더 살다가 죽는다고 하지요. 조금씩 차이가 있긴 하지만, 공룡은 많이 먹고 빨리 커서 빨리 죽는 동물이었어요.

실제로 지구에 무슨 일이 있었던 걸까?

공룡의 멸종에 관한 주장들이 그저 터무니없는 것만은 아니에요. 딱 한 가지 이유만으로 공룡의 모든 것을 설명할 수는 없었던 거지요. 힘세고 거대한 공룡이 최후를 맞이할 때 도대체 지구에 무슨 일이 벌어졌던 걸까요?

어떤 과학자들은 공룡이 멸종한 원인을 화산 폭발에서 찾아요. 백악기 후기에 인도에서 시작된 화산 폭발은 100만 년 동안 계속되어 용암이 쌓이고 쌓였어요. 인도의 데칸 고원에는 이 무렵부터 흘러나온 용암과 화산재가 지금도 덮여 있지요.

100만 년 동안 용암이 분출되었다면 그 주변 환경은 어땠을까요? 화산 폭발로 화산재가 하늘을 다 덮고, 화산재가 햇빛을 막아 지구의 기온은 많이 떨어졌을 거예요. 그리고 산성비도 내렸겠지요? 그러면 햇빛이 부족하여 식물은 열매를 맺지 못하거나 죽어 버렸을 거예요. 먹이가 부족해진 초식 공룡이 굶어 죽자 육식 공룡도 살아남기 어려웠을 거고요. 앞서 살펴본 것처럼 지구의 기온이 낮아지고 공룡들의 먹을거리가 부족해졌다는 주장과 연결되지요.

또한 화산 폭발로 수컷 공룡만 남아 번식을 계속할 수 없었을 것이라는 의견도 있어요. 알이 부화할 때는 온도에 따라 암수가 결정되는데,

　온도가 낮으면 암컷이, 온도가 높으면 수컷이 돼요. 온도가 적당하면 암컷과 수컷이 골고루 태어나지요. 하지만 화산 폭발이 공룡 암수의 균형을 깨뜨렸고 결국 멸종에 이르게 했다는 거예요.

　그런데 데칸 고원을 만든 화산의 폭발 시기가 백악기 무렵이었다는 것을 어떻게 알아낸 걸까요? 그건 바로 이리듐이라는 물질 때문이에요. 이리듐은 지구 내부의 깊숙한 곳이나 우주에서 온 운석에서만 발견되는 광물이에요. 오랜 시간 동안 화산이 폭발하면서 지구 내부에 있는 이리듐은 마그마나 화산재에 섞여 바깥으로 나왔을 거예요. 그리고 많은 양의 이리듐이 쌓인 지층이 대부분 백악기 지층이었기 때문에 화산 폭발은 백악기 때 일어났다고 생각할 수 있지요.

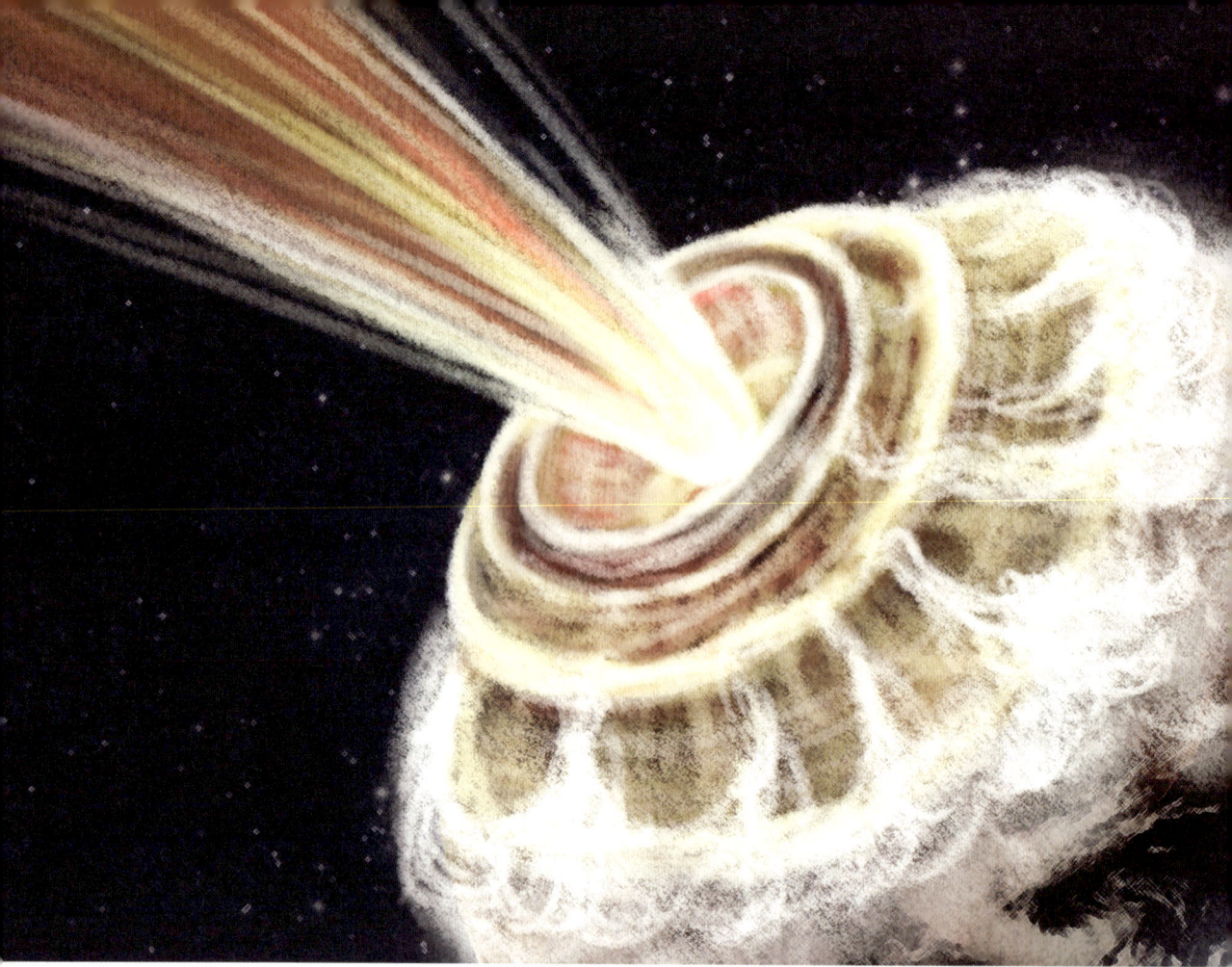

한편, 백악기 지층에서 무더기로 발견되는 이리듐은 화산 폭발이 아니라 운석 때문이라고 주장하는 과학자도 등장했어요. 그 과학자는 "화산 폭발의 영향을 무시할 수는 없지만, 공룡이 멸종된 결정적인 원인은 바로 외계에서 온 돌 때문입니다"라고 말했어요.

외계에서 온 돌 때문에 공룡이 모두 죽었다는 말이 다소 터무니없게 들리지요? 하지만 'K/T 경계층'이 중요한 증거가 되고 있어요. K/T 경계층은 중생대 백악기와 신생대 제3기의 지층이 맞붙은 곳을 가리켜요.

1978년 미국 캘리포니아주립대학교 버클리 분교의 루이스 알바레즈 교수는 지질학자인 아들 월터와 함께 이탈리아 구비노 지역의 K/T 경계층을 조사했어요. 이 경계층에는 2cm 두께의 붉은색 점토층이 있었는데, 거기서 30배가 넘는 이리듐을 발견했지요. 이리듐은 아주 보기

 알바레즈의 발견 노트

공룡 멸종, 무엇이 진짜일까?

공룡이 멸종한 원인에 대해 100여 가지가 넘는 학설이 있어요. 운석 충돌설, 화산 폭발설, 기온 저하설 이 외에 어떤 주장이 있을까요?

❶ **우주 방사선:** 백악기 후기에 지구와 가까운 행성이 폭발하여 그 영향으로 지구에 방사선 비가 내렸을 거예요. 그 비를 맞은 공룡과 식물이 병이 들어 멸종했다는 주장이에요.

❷ **알칼로이드 중독:** 백악기에 새로운 식물이 나타났는데 이 식물에 '알칼로이드'라는 독성 성분이 들어 있었대요. 초식 공룡이 그 식물을 먹고 병들어 죽었고, 육식 공룡도 점차 줄어들어 멸종했다는 주장이에요.

❸ **동족상잔:** 동족상잔은 같은 겨레끼리 서로 싸우고 죽이는 걸 말해요. 마찬가지로 육식 공룡이 초식 공룡을 너무 많이 잡아먹어서 초식 공룡이 멸종하였고, 곧이어 육식 공룡들이 서로를 잡아먹다가 결국에는 멸종되었다는 주장이에요.

❹ **공룡 불임:** 공룡이 계속해서 몸집이 커지고 행동이 둔해져서 알을 낳지 못해 멸종되었다는 주장이에요.

❺ **벌레:** 공룡이 고대의 모기나 진드기 등 벌레의 공격을 받아 100만 년 동안 서서히 멸종했을 거라는 주장이에요.

유카탄 반도의 운석 충돌

힘든 광물로 행성에서 떨어지는 우주 먼지 속에 있거나 지구 내부의 핵에 들어 있어요. 알바레즈는 백악기 지층에서 발견되는 이리듐은 화산 폭발이 아니라 운석 충돌 때문이라고 주장했어요.

알바레즈는 덴마크에 있는 K/T 경계층도 조사했어요. 이 K/T 경계층에서는 이탈리아보다 훨씬 많은 160배의 이리듐을 발견했지요. 알바레즈는 백악기가 끝날 무렵 지구에 운석이 떨어지면서 많은 이리듐이 쌓였다고 확신했어요. 그리고 운석 충돌의 영향으로 공룡이 멸종하게 되었다는 가설도 세웠지요. 하지만 공룡 멸종에 관한 알바레즈의 주장은 많은 사람으로부터 비난을 받았어요.

과학자들은 지름이 10km 정도나 되는 운석이 지구에 부딪치면 이리듐이 온 지구를 휩쓸 수밖에 없다고 설명해요. 그리고 그 정도 크기의 운석이 만드는 구덩이의 지름은 180km나 될 것으로 예상했지요. 하지만 결정적인 증거가 없었기 때문에 논란은 지속되었어요. 결국 알바레즈는 운석 구덩이를 보지 못한 채 숨을 거두었어요.

 1990년대에 멕시코의 유카탄 반도 북서쪽 해안에서 지름이 200km에 이르는 운석 구덩이가 발견되었어요. 알바레즈의 운석 충돌설을 설명할 수 있는 증거가 비로소 발견된 거예요. 2010년 3월 미국의 권위 있는 과학 잡지인 ≪사이언스≫에 운석 충돌로 공룡이 멸종했다는 논문이 실렸어요. 일본 도호쿠대학교 등 12개국으로 구성된 공동 연구팀은 공룡의 멸종 원인을 유카탄 반도에 떨어진 지름 10~15km의 소행성 때문이라고 결론지었지요.

 그렇다면 운석 충돌은 구체적으로 지구에 어떤 영향을 끼친 걸까요?

이리듐 박

K/T 경계층
흰색 화살표가
K/T 경계층이다(미국 콜로라도).

공룡들이 커다란 운석을 피하지 못해 돌에 맞아 죽은 건 아니에요. 지름 10km 크기의 운석이 1초에 20km 속도로 다가가 지구에 충돌했다고 가정해 봐요.

 운석의 크기가 어마어마했기 때문에 수백 km 떨어진 곳에서도 보였을 거예요. 운석이 지구에 충돌하면 먼저 엄청난 양의 먼지가 공중으로 올라가면서 버섯 모양의 구름이 생겨요. 땅에는 커다란 운석 구덩이가 생기지요. 이것은 핵탄두 2만 5000개를 동시에 터뜨린 것보다 약 1만 배는 더 센 힘이라고 해요.

★ **알바레즈의 발견 노트**

지구의 마지막 공룡은?

공룡이 멸종했던 백악기 후기에는 어떤 공룡이 살았을까요? 바로 안킬로사우루스연결된 도마뱀, 파키리노사우루스두꺼운 코 도마뱀, 살타사우루스살타 지방 도마뱀, 티라노사우루스 렉스, 파키케팔로사우루스, 트리케라톱스, 테리지노사우루스, 파라사우롤로푸스관 도마뱀 등이었어요.
미국 예일대학교 고고학 연구팀은 2009년부터 서부 몬태나 주에서 키가 3m에 달하고, 트리케라톱스처럼 뿔이 달린 공룡의 화석을 발굴했어요. 그 화석과 지층이 만들어진 시기를 알아본 결과 지금까지 발견된 화석 가운데 가장 최근의 것으로 밝혀졌지요. 그 공룡 화석은 K/T 경계층 12cm 아래에서 발견되었는데, 약 6500만 년 전후에 살았을 것으로 추측해요.

과거의 어느 날에 지구에 충돌한 소행성의 모습(상상화)

　무시무시한 사건은 이제부터입니다. 운석은 나무들을 뿌리째 뽑아 버렸고, 공룡을 거의 모조리 쓰러뜨렸어요. 뜨거운 암석 덩어리들도 연신 쏟아져 내렸지요. 공중으로 올라간 미세한 먼지는 하늘에서 오랫동안 머무르며 햇빛을 차단하고 지구의 온도를 계속 떨어뜨렸어요. 그러자 식물들은 햇빛을 보지 못해 하나둘씩 말라 죽었고 공룡들 역시 차례차례 굶어 죽었어요.

　화석을 연구해 보니 몸무게가 50kg 이상인 동물은 모두 살아남지 못했어요. 운석의 충돌로 생태계의 먹이 사슬이 깨지면서 많이 먹는 동물은 살기 힘들었던 거예요.

새는 공룡의 후손일까?

아르케에오프테릭스 표본(독일)

'새가 공룡으로부터 진화했는가'라는 점은 오늘날에도 공룡을 연구하는 과학자들의 주요한 논쟁거리이다. 1861년 독일에서 쥐라기 후기에 살았던 것으로 보이는 한 동물 화석이 발견되었다. 그 동물 화석은 파충류와 새의 특징을 반반씩 가지고 있었는데 날개와 깃털, 부리, 이빨, 꼬리 뼈 등이 보였고, 날개 부분에는 긴 발가락이 나 있었다. 당시 사람들은 이 동물을 파충류가 새로 진화하는 과정에서 생겨난 것으로 여기고 시조새 아르케에오프테릭스라고 불렀다.

그런데 영국의 생물학자 토머스 헉슬리는 시조새가 콤프소그나투스라는 공룡과 비슷하다는 점을 발견하였다. 1868년 헉슬리는 새가 파충류가 아닌 공룡에서 직접 진화했을 것이라고 주장했다. 그러나 1926년 덴마크의 게르하르트 하일만이 헉슬리의 주장을 뒤집는 내용을 발표했다. 그는 콤프소그나투스가 속해 있는 코엘로사우루스류에는 쇄골 가슴 좌우에 있는 S자형 뼈이 없다는 것을 결정적인 증거로 내세웠다. 결국 하일만이 주장한 대로 새의 조상은 공룡의 조상이라고 할 수 있는 조치류 쪽으로 거슬러 올라갔다. 조치류는 파충류의 일종으로 몸 길이가 1m 정도 되었고, 뒷다리가 앞다리보다 훨씬 길며 두 발로 걸었다.

새의 조상에 관한 논쟁은 여기서 끝난 듯 보였다. 하지만 1975년 존 오스트롬이 공룡과 조류를 묶어 '공룡강'이란 새로운 분류를 만들어 새의 조상이 공룡이란 증거를 들고 나오면서 논쟁은 다시 뜨거워지기 시작했다. 모든 생물은 종류별로 묶어 '종〈속〈과〈목〈강〈문〈계' 순서로 분류된다. 공룡을 크게 용반목과 조반목으로 나눈 것도 이러한 생물 분류에 따른 것이다.

그렇다면 공룡과 새는 어떤 관계가 있는 것일까? 새가 공룡으로부터 진화한 걸까 아니면 공룡과 새의 조상이 같은 걸까? 1986년 미국 텍사스 주에서 새인지 공룡인지 확실하지 않은 화석이 발견되면서 과학자들은 더욱 혼란에 빠졌다. 바로 시조새보다 7500만 년 전에 나타나 트라이아스기 중기에 살았던 프로아비스가 바로 그 주인공이다. 프로아비스는 원조原鳥라는 뜻을 가지고 있다.

프로아비스를 새의 조상으로 보는 학자들은 시조새가 새라기보다는 공룡의 한 종류라고 주장했다. 프로아비스는 시조새에게 없는 용골 돌기새의 가슴 가운데에 난 돌기로 날개를 움직이는 근육이 붙어 있음와 퇴화된 이빨, 커다란 쇄골을 가지고 있었으며, 오늘날의 새처럼 뼈 가운데가 비어 있었다. 하지만 프로아비스의 화석이 완전하지 못해 이 주장은 아직까지 받아들여지지 않고 있다.

한편, '공룡이 새의 후손'이라고 주장하는 사람들도 있다. 영국의 일부 과학자들은 트라이아스기 중기에 두 발로 걷던 작은 동물 가운데 하늘을 나는 종이 나타났는데, 그 중 일부가 공룡으로 진화했다고 주장했다.

아직까지 공룡과 새의 관계에 대해 정확하게 밝혀진 사실은 없다. 다만, 공룡과 새가 친척이라는 것만 알아냈을 뿐이다. 공룡이 새의 조상인지, 공룡과 새의 조상은 같지만 서로 다르게 진화한 것인지, 아니면 새가 공룡의 조상인지 확실하지 않다. 이것은 아마도 화석들이 조금 더 많이 연구된 다음에야 알 수 있을 것이다.

공룡, 세상 밖으로 나오다!

공룡이 어떻게 세상에 알려지게 되었을까요? 그건 공룡 화석 발견과 연구에 뜨거운 열정을 쏟아 부었던 학자들 덕분이었어요. 공룡 발견의 역사적인 순간을 함께 따라가 봐요.

1677년
영국의 박물학자 로버트 플롯이 최초로 공룡 그림을 그림

1825년
영국인 의사 기드온 맨텔의 부인이 공룡의 이빨을 발견함

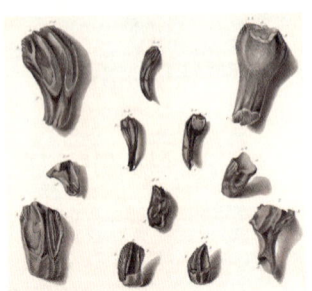

1842년
영국의 동물학자 리처드 오언 경이 '무서운 도마뱀'이라는 뜻의 디노 사우리아(Dinosauria)라는 이름을 만들어 냄

1851년
영국 하이드 파크에서 최초로 복원된 이구아노돈을 전시함

1902년
미국의 고생물학자 바넘 브라운이 최초로 티라노사우루스 렉스 화석을 발견함

1877~1895년
미국의 고생물학자인 코프와 마시의 경쟁적인 공룡 화석 발굴(공룡 화석 전쟁)로 북아메리카에서만 150여 개의 종들이 발견됨

1972년
경북대학교 양승영 교수가 경상남도 하동에서 공룡 알 화석을 발견하며 한국 공룡의 존재가 처음으로 확인됨

1867년
영국의 동물학자 토마스 헨리 헉슬리가 새는 공룡의 후손이라고 주장함

현재 우리나라는 세계적인 공룡 발자국 화석 산지로 알려져 있어!

티라노사우루스의 알을 찾아라!

티라노사우루스가 자신의 둥지에 알을 낳았대요. 그런데 그만 자신이 낳은 알이 몇 개인지 잊어 버린 거예요. 공룡 알에 쓰여진 내용을 읽고 옳으면 그건 티라노사우루스의 알이랍니다. 여러분이 티라노사우루스의 알을 찾아 주세요!
(정답은 147쪽에 있어요.)

1 공룡은 중생대 후기 백악기에 모두 멸종되었다.

2 티라노사우루스 렉스는 중생대의 트라이아스기에 번성했다.

3 공룡의 이빨은 빠져도 계속해서 돋아 났다.

4 공룡은 모두 네 발로 걸어 다녔다.

5 공룡 화석을 찾으려면 화성암이 많은 지층에 가야 한다.

6 19세기경 북아메리카에서 화석 전쟁을 벌인 두 사람은 마시와 코프이다.

7 공룡이라는 학술 명칭을 만들어 최초로 발표한 사람은 기드온 맨텔이다.

8 공룡이 운석 충돌로 멸종했다는 근거가 되는 광물은 이리듐이다.

9 일부 공룡들은 돌을 삼켜서 음식물을 소화시켰다.

공룡 테마 파크

공룡 테마 파크로 놀러 오세요!

'모기 한 마리가 공룡의 피를 빤 직후 화석이 돼요. 수억 년이 지나 과학자들이 이 화석을 발견하지요. 과학자들은 모기의 몸속에서 공룡의 피를 뽑아 유전자 정보를 알아낸 다음 공룡을 부활시켜요.'
이것은 영화 「쥐라기 공원」의 첫 부분이에요. 시간이 지날수록 영화 속 이야기가 현실이 될 가능성이 높아지고 있어요. 이러다 정말로 공룡을 만나면 어떡하죠? 우리 조금만 더 기다려 볼까요?

미래의 어느 날, 티라노로부터

인류는 언제부터 지구에 살았을까?

공룡이 멸종한 백악기 후기 무렵에는 곤충을 비롯해 초기 형태의 포유류와 적은 수의 파충류 그리고 어류와 무척추동물_{등뼈가 없는 동물로 지렁이, 불가사리, 플라나리아 등이 대표적}만이 살아남았어요. 특히 몸집이 큰 동물들은 거의 자취를 감추고 말았지요. 하지만 얼마 지나지 않아 포유류가 점점 늘어났고, 새들도 번성하기 시작했어요. 어류는 오늘날 우리가 알고 있는 모습과 매우 비슷했어요. 이처럼 백악기 이후의 새로운 시대를 신생대라 불렀고, 6500만 년~175만 년 전을 신생대 제3기, 그 이후부터 지금까지를 신생대 제4기라고 불러요. 신생대 초기에는 지구의 기온이 높아 열대림이 극지방까지 나타났지만, 조금씩 기온이 다시 내려가 추운 곳에서도 살 수 있는 침엽수 같은 식물들도 자라기 시작했어요.

시간이 흐르자 비로소 원숭이와 유인원_{고릴라, 침팬지, 오랑우탄 등}이 나타났고, 땅 위에 풀이 자라면서 오늘날과 비슷하게 생긴 말과 코끼리 등이 살았어요. 바닷속에는 고래, 고등어, 상어 등도 보였지요. 이 시간 동안에도 대륙들은 지금의 모습처럼 완전히 떨어져 있지는 않았지만 조금씩 분리되고 있었답니다. 그리고 대륙들이 서로 멀어지면서 지역에 따라 기후가 달라졌고, 그에 따라 생물들의 모습도 빠르게 바뀌었어요.

이히~!

지금으로부터 175만~1만 년 전이 되자 드디어 현생 인류라고 할 수 있는 '호모 사피엔스'가 나타났어요. 호모 사피엔스는 라틴 어로 '슬기로운 사람'이라는 뜻이에요. 이들은 두 발로 서서 걸을 수 있었고, 그 전의 초기 인류와는 달리 주변 환경에 빠

★ 티라노사우루스의 발견 노트

신생대 제1기와 제2기는 어디 갔어?

오늘날 사람들은 지구의 역사를 선캄브리아대, 고생대, 중생대, 신생대로 나누어 말해요. 하지만 처음으로 지질 시대를 연구했을 때만 해도 이렇지 않았어요. 1760년 이탈리아의 지질학자였던 조반니 아르뒤노가 지구의 역사를 처음으로 구분했어요. 아르뒤노는 '산의 중심부를 이루는 암석'을 제1기로 불렀고, '퇴적암'을 제2기, '고체가 되지 않은 퇴적물'을 제3기, '분출된 화산암'을 제4기로 구분했답니다.

시간이 흐르고 지질학이 발달하면서 아르뒤노의 이론은 조금씩 고쳐졌어요. 사람들은 제1기를 고생대로, 제2기를 중생대로 불렀지요. 하지만 제3기와 제4기는 신생대로 합쳐졌는데, 아르뒤노가 만든 용어를 존중해서 지금까지 계속 사용하고 있어요.

르게 적응했어요. 뿐만 아니라 도구와 언어도 사용할 수 있었답니다.

이 무렵 북아메리카, 유럽, 아시아 등지의 기온이 급격하게 내려가 거대한 얼음 층이 지구 북반구를 덮어 버렸어요. 그러자 매머드처럼 털이 많고 몸집이 거대해 추운 곳에서도 잘 견딜 수 있는 동물들이 활동했지요. 또한 찬 바닷물에 사는 동물들이 극지방뿐만 아니라 조금 더 넓은 지역에서 살게 되었어요.

하지만 지금으로부터 1만 년 전 이후로 얼음 층은 조금씩 녹기 시작했어요. 그러면서 해수면(바닷물의 표면)이 높아졌고, 일부 땅은 물속에 잠겨 버렸어요. 그 결과 오늘날 오스트레일리아의 북쪽에 있는 뉴기니 섬이 지금의 모습처럼 오스트레일리아와 완전히 분리되었답니다. 그동안에도 대륙들은 계속해서 움직이고 있었어요.

이처럼 지구의 동식물들은 오랜 시간 동안 멸종과 번성을 거듭해 왔어요. 그 과정에서 생물들은 저마다의 방법으로 조금씩 자신의 흔적을 남겼답니다. 그 가운데 하나가 바로 화석이에요. 과학자들은 생물의 화석을 발견해 오랜 옛날 그들이 어떻게 살았는지, 지구의 모습은 어땠을지 연구하고 상상해요. 그 연구 결과를 분석해 지구의 역사를 알아보고, 우리가 살아나가는 데 필요한 정보를 모으는 거지요. 그래서 화석에 담긴 정보로 공룡을 비롯한 고생물을 복원하는 일이 중요하답니다.

 공룡에게 새 생명을……

만약 살아 있는 공룡과 마주친다면 어떤 기분이 들까요? 내 눈앞에서 티라노사우루스 렉스, 트리케라톱스, 브론토사우루스, 벨로키랍토르 등 공룡들이 뛰어다닌다면……. 아마 비명을 지르느라 정신없을지도 모르겠군요.

1993년 여름, 그 전까지 볼 수 없었던 화려한 컴퓨터 그래픽으로 사람들의 두 눈을 의심하게 만든 영화 한 편이 공개됐어요. 바로 스티븐 스필버그 감독이 만든 「쥬라기 공원」이었어요. 영화는 화석에 남겨진 공룡의 유전자 정보를 채취해 공룡을 되살리는 과정과 그 후에 벌어지는 무

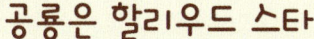 티라노사우루스의 발견 노트

공룡은 할리우드 스타

공룡이 처음으로 영화에 출연한 것은 1912년 「공룡 거티」라는 단편 만화 시리즈였어요. 그 이후 「잃어버린 세계」나 「환타지아」 같은 영화 속에도 계속해서 등장했지요. 하지만 공룡을 소재로 하여 만든 영화 가운데 가장 유명한 작품은 뭐니 뭐니 해도 「쥬라기 공원」이에요. 마이클 크라이튼의 소설을 원작으로 스티븐 스필버그 감독이 만든 영화였어요. 이 영화 한 편으로 전 세계의 많은 사람이 공룡에 대해 관심을 가졌어요. 영화 속 공룡 이름 가운데 크라이튼사우루스가 있는데, 원작자의 이름을 따서 지은 거랍니다.

시무시한 이야기들을 담고 있어요. 공룡의 특징 및 습성을 무시하거나 일부 유전자 정보로 매우 다양한 공룡을 복원시킨다는 등 과학적인 오류들이 있지만 실감나게 공룡을 되살렸다는 점에서 관객들을 열광시키기에 충분했지요. 과연 '쥐라기 공원' 속 일이 실제로도 가능할까요?

영화에서는 화석에 갇힌 모기의 피를 뽑아내 그 속에서 공룡의 디엔에이DNA, 유전에 관여하는 물질를 찾아냈어요. 그런 다음 공룡의 DNA를 다른 동물의 유전자와 결합시켜 공룡을 되살렸지요. 실제로도 가능한 일일까요? 지금까지 공룡 화석에서 DNA를 뽑아냈다는 보고서가 2건이 있었대요. 하지만 사실인지 확인할 수 있는 증거는 없답니다.

공룡을 복원시켜 함께 사는 일은 아직까지 불가능해 보여요. 오늘날 공룡을 복원하려면 DNA가 온전하게 남아 있어야 하는데 실제로는 그렇지 않거든요. 그 대신 세계 곳곳에 숨어 있는 화석들을 찾아내어 새로운 생명을 줄 수는 있어요.

사람들은 한때 북아메리카 서부 지역에서 공룡 화석을 찾아 다녔어요. 하지만 지금은 남아메리카의 아르헨티나, 아프리카의 마다가스카르 등지에서도 공룡 화석을 찾기 위해 노력하고 있지요. 뿐만 아니라 남극에서도 공룡 화석이 발견되고 있답니다. 공룡 화석이 발견되는 지역이 점점 더 넓어지고 있어요. 최근에는 인공위성으로 사진을 찍어서 공룡 화석을 찾기도 해요. 이렇게 공룡 화석을 찾아 예전 모습 그대로

공룡 복원하기

❶ 화석 발굴지를 찾아 기록한다

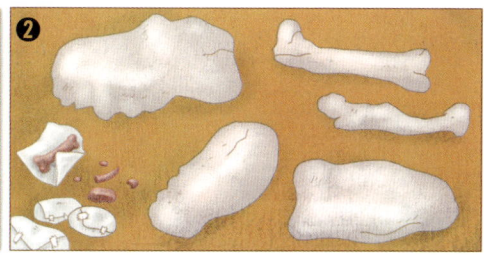
❷ 발굴된 화석을 부서지지 않게 준비하고, 연구실로 옮긴다

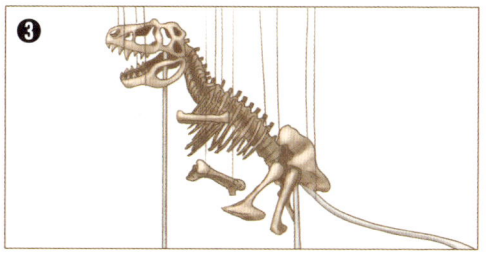
❸ 화석을 손질하고 복원해 나간다.

❹ 복원할 때 부족한 부분을 채워 완성한다.

만들어 주는 일을 복원이라 하고, 이 일이야말로 공룡에게 새로운 생명을 주는 길이에요.

하지만 사람들이 직접 보지 않았는데, 공룡을 예전 모습 그대로 복원하는 일이 가능할까요?

탐험대는 공룡 화석을 발굴하기 전에 먼저 바둑판 모양의 틀 안에 발굴지 지도를 그려 놓아요. 그럼 발굴지가 정사각형 여러 개로 구분돼요. 과학자들은 순서를 정해서 각 정사각형 안에 있는 땅을 정이나 곡괭이로 파고, 그곳에서 나온 흙을 붓으로 치우며 아주 조심스럽게 화석을 발굴하지요. 그리고 공룡 화석이 발견된 위치를 정확하게 알아 두기 위해서 발굴된 것을 하나도 빠짐없이 지도에 바로바로 표시해요.

발굴이 끝나면 이제 화석을 옮겨야 할 차례예요. 공룡 화석은 귀한 자료이기 때문에 이를 옮길 때는 부서지지 않게 해야 해요. 과학자들은 접착제로 암석의 깨진 틈을 메우고 석고로 감싸요. 그리고 안전하게 연구실로 옮긴답니다.

화석이 연구실에 도착하면 표본 담당자가 깨끗이 손질하는 일을 해요. 먼저 석고를 톱으로 잘라내고, 돋보기를 이용해 꼼꼼하게 여기저기 살펴보지요. 동시에 흙과 암석을 어떻게 없앨 것인지 생각해요. 연구원은 드릴과 다른 공구로 화석 뼈에 붙어 있는 흙과 암석을 조심스럽게 제거해요. 그러면 수억 년 동안 암석 속에서 단단하게 굳어진 화석이 비로소 새로운 생명을 갖게 되는 거지요.

이구아노돈의 모습이 변하다

기드온 맨텔이 이구아노돈을 발견한 이후 이를 복원하는 과정에서 이구아노돈의 모습은 계속해서 바뀌었다. 여러 부위의 화석이 계속 발견되면서 점점 더 정확하게 모습을 그려낼 수 있었기 때문이다. 아래 그림을 보면 이구아노돈의 모습이 자꾸 바뀌어 갔다는 점을 알 수 있다.

1833년의 이구아노돈 복원 모습

연구원은 작업을 할 때 작은 치과용 드릴과 갈고리로 화석에 붙어 있는 흙이나 돌덩이를 제거해요. 아주 작은 흙까지도 완전히 없애야 하기 때문에 굉장히 오랜 시간이 걸려요. 마침내 다른 물질이 묻지 않은 공룡 뼈가 준비되면, 퍼즐을 맞추거나 레고를 조립하듯 공룡 뼈를 맞춰 봐요. 장난감을 조립할 때 설명서가 필요한 것처럼 미리 그려 놓은 공룡의 모습을 참고하지요.

공룡 뼈가 모두 발굴되어 완벽한 모습으로 복원할 수 있다면 더없이 좋을 거예요. 뼈를 그냥 다 맞추기만 하면 되니까요. 하지만 실제로는 발톱이나 이빨처럼 아주 일부분만 발굴되는 경우가 많아서 듬성듬성 비어 있는 경우가 대부분이에요. 그럴 때에는 비슷한 공룡의 모습을 참고해서 플라스틱이나 유리 섬유로 뼈를 만들어 빈 공간을 채워 넣어요.

과학자들 사이에서도 알려지지 않은 공룡 뼈의 일부가 발굴되는 경우

1880년의 이구아노돈 복원 모습

오늘날 이구아노돈 복원 모습

도 많아요. 그럴 때에는 다른 뼈가 부위의 발굴될 때까지 기다려야 해요. 하지만 몇 년이 지나도록 완전한 상태로 복원되지 않는 경우도 허다하지요. 스테고사우루스가 바로 그런 경우예요. 스테고사우루스의 골판 장식은 한번에 알아낸 것이 아니에요. 다른 화석들이 수집될 때까지 오랫동안 기다리고 기다리다가 알아낸 사실이지요. 그래서 새로운 화석이 발굴되면 공룡의 복원 모습이 뒤바뀔 때가 많아요.

 박물관의 꽃은 무시무시한 공룡!

과학자들은 공룡의 골격을 살아 있는 상태와 최대한 비슷하게 만들어서 박물관에 전시해요. 공룡 뼈를 그대로 전시하기도 하지만, 모형을 만들어 보여 주기도 해요. 철골 구조를 뼈처럼 조립하여 전시를 하는 것이지요. 이때 공룡의 모습은 살아 움직이는 듯한 자세로 만들어요.

공룡 모형을 전시하는 일은 공룡을 연구하는 고생물학자 혼자서 할 수 있는 게 아니에요. 고생물학자뿐만 아니라 지질학자, 제도사_{도면이나 도안 그리는 일을 전문으로 하는 사람}, 사진사 등이 함께 참여해야 가능한 일이지요. 우리가 만나는 박물관의 공룡은 모두의 협동 작품인 셈이에요. 세계 여러 나라에 있는 자연사 박물관들은 대부분 가장 잘 보이는 곳에

런던 자연사 박물관

공룡을 배치하여 관람객들의 호기심을 자극해요.

영국 런던에 있는 〈국립 자연사 박물관〉의 중심에 있는 디플로도쿠스의 골격 전시물

영국 런던에 있는 〈국립 자연사 박물관〉에서 처음 만나는 전시물도 바로 디플로도쿠스예요. 몸길이가 26m 정도로 지금까지 알려진 공룡 가운데 가장 기다란 초식 공룡이에요. 디플로도쿠스라는 이름은 '양쪽 다리가 거대한 기둥'이라는 뜻을 갖고 있지요.

이 디플로도쿠스는 미국 피츠버그에 있는 〈카네기 자연사 박물관〉이 소장한 골격을 그대로 본떠서 만들었다고 해요. 꼬리가 매우 길며, 수많은 척추를 지지하기 위해 작은 버팀목들이 함께 놓여 있어요. 짓궂은 관람객들이 꼬리 맨 끝에 있는 척추를 훔쳐가는 바람에 높은 지지대까지 따로 세워 두었답니다. 공룡을 만나고 싶은 마음은 이해하지만 함께 관람하면 더욱 좋지 않을까요?

미국 시카고에 있는 〈필드 자연사 박물관〉의 가장 중심에 우뚝 서 있는 전시물도 티라노사우루스 렉스의 화석이에요. 1990년 사우스다코다 사막에서 200여 개가 넘는 뼈 화석들이 아주 크고 완벽한 형태로 발

필드 자연사 박물관(미국 시카고)

견되었어요. 박물관에는 발굴 당시의 모습 그대로 전시되어 있지요. 몸 길이는 대략 13m, 무게는 7톤에 이른대요. 이 화석을 발굴한 수 헨드릭슨Sue Hendrickson의 이름을 따서 '수Sue'라는 이름이 붙여졌답니다.

일본 후쿠이 현 가츠야마의 〈후쿠이 현립 공룡 박물관〉, 중국 쓰촨 성 쯔공의 〈쯔공 공룡 박물관〉, 캐나다 캘거리의 〈로열 티렐 고생물학 박물관〉은 세계 3대 공룡 박물관으로 알려져 있어요.

티라노사우루스 렉스 '수'(미국 필드 자연사 박물관)

그 가운데 〈후쿠이 현립 공룡 박물관〉은 공룡을 비롯한 고생물들의 발굴 과정을 전시하면서 화석 발굴 작업도 계속하고 있어요. 공룡의 울음소리를 흉내내며 움직이는 공룡 로봇도 전시되어 공룡의 모습을 만끽할 수 있지요. 또한 실제 공룡 뼈를 만져 볼 수 있는 체험실도 마련되어 있답니다.

〈쯔공 공룡 박물관〉은 공룡 화석 발굴

후쿠이 현립 공룡 박물관

쯔공 공룡 박물관에 전시된 마멘키사우루스 골격

현장에 세워진 중국 최초의 공룡 박물관이에요. 중생대 초기와 중기 때의 공룡들이 많이 발굴되어 과학자들이 높게 평가하는 곳이지요. 또한 희귀한 공룡 화석이 많이 발견되고, 골격 화석이 대체로 온전하게 보존되어 '공룡의 고향'이라고 불리기도 한답니다.

우리나라에도 자연사 박물관이 여러 지역에 있어요. 서울의 〈서대문 자연사 박물관〉에는 아크로칸토사우루스 높은 가시 도마뱀를 비롯하여 스테고사우루스, 트리케라톱스의 모형이 전시되어 있어요. 또한 박치기

서대문 자연사 박물관 내부에 전시된 공룡의 골격

하는 모습의 파키케팔로사우루스의 모형도 있어서 관람객들에게 인기가 많답니다.

공룡 발자국 화석지로 유명한 경상남도 고성과 전라남도 해남 그리고 충청남도 공주 등지에도 공룡 관련 박물관이 있고 매년 다채로운

아크로칸토사우루스

★ 티라노사우루스의 발견 노트

공룡 이름 짓기

공룡의 이름은 공룡 화석이 발견된 장소나 생김새, 발견한 사람의 이름 또는 훌륭한 연구자의 이름을 따서 지어요. 과학자들은 새로운 공룡 화석을 발견하여 논문으로 발표할 때 공룡의 이름을 정하는데, 사람들은 이때 정해진 이름을 그대로 사용하는 경우가 많아요. 과학자들이 공룡에게 이름을 지어 줄 때는 라틴 어나 그리스 어를 많이 사용해요. 오늘날 사용하는 영어, 프랑스 어, 독일어 등은 대부분 라틴 어에서 갈라져 나온 언어거든요.

공룡의 이름 가운데에는 티라노사우루스, 타르보사우루스처럼 '사우루스'가 많이 붙어요. '사우루스'는 도마뱀이라는 뜻이지요. 벨로키랍토르처럼 '랍토르'가 붙은 공룡 이름도 있어요. '랍토르'는 도둑 혹은 약탈자라는 뜻이에요.

'미무스'가 붙은 공룡은 '어떤 것과 비슷하다'라는 뜻으로 사용돼요. 예를 들어 하르피미무스는 하피를 닮은 공룡이라는 뜻이에요. 공룡 이름 가운데 '케팔'은 '머리'라는 뜻이고, '프로'는 '최초' 또는 '원시'라는 뜻이랍니다.

계룡산 자연사 박물관(충청남도 공주)
거대한 브라키오사우루스가 박물관 입구에서 관람객을 맞이한다.

계룡산 자연사 박물관 내부의 브라키오사우루스 골격 모형

 행사가 열리고 있어요. 이들 박물관은 입체 영상 기법을 활용하여 공룡이 튀어나온 듯한 모습을 보여 주어 인기를 모으기도 해요. 손에 닿을 듯한 입체 영상은 공룡을 조금 더 가까이에서 보고 싶은 바람이 실현된 것이라고 할 수 있어요.
 앞으로도 공룡 화석의 발굴 작업은 계속될 거예요. 미지의 동물에 대한 관심은 끊임없이 이어질 테니까요. 미래에 놀랍고도 중요한 발견을 할 주인공이 바로 여러분이 될 수도 있어요. 그래서 여러분의 이름을 따서 만든 공룡이 등장할지도 모르지요!

공룡의 피부색과 울음소리를 알아낼 수 있을까?

공룡 하면 제일 먼저 떠오르는 동물은 괴성을 지르며 덤비는 무시무시한 티라노사우루스 렉스일 것이다. 우렁찬 그 울음소리는 정말 티라노사우루스 렉스의 목소리가 맞을까?

공룡을 연구하는 고생물학자들은 공룡 화석을 통해 몸 전체의 골격을 상상하고 복원한다. 복원된 공룡의 표정은 하나같이 무시무시한 표정을 짓고 있다. 공룡들은 실제로 무표정했을 것으로 추측되지만, 영화 속에 등장하는 몇몇 공룡들은 연기 대상을 받을 만큼 다양한 표정을 지어 보이기도 한다.

고생물학자들은 공룡의 진짜 모습을 알아내기 위해 애쓰며, 실제로 많은 비밀을 벗겨 내는 중이다. 하지만 제 아무리 뛰어난 공룡학자라 해도 두 손을 들게 만드는 부분이 있다. 바로 공룡의 피부색과 울음소리이다!

공룡은 지금으로부터 약 6500만 년 전에 지구에서 멸종했고, 아무도 공룡을 본 사람이 없다. 당연히 피부색을 알 수 있는 방법도 없다. 다만, 몇몇 공룡의 피부 자국이 화석으로 남아 있어서 추측할 수 있을 뿐이다. 피부가 골판 장식으로 뒤덮인 공룡이 있는가 하면, 도마뱀과 같은 비늘 모양의 피부 및 깃털을 가진 공룡도 있다. 울긋불긋 화려한 색을 가

티라노사우루스 렉스 골격

지고 있는 공룡의 경우 대부분 공룡을 그리는 사람들의 상상력에 의해 만들어진다. 울긋불긋 화려한 줄무늬 공룡이나 주변의 색과 비슷한 색깔로 보이는 공룡의 피부색은 모두 화가가 만들어 낸 색깔이다.

지금까지 화석을 통해 알려진 공룡은 900여 종류가 넘는다. 공룡들은 분명히 저마다 독특한 피부색을 가지고 있었을 것이다. 공룡의 피부색을 정확하게 알 수는 없지만, 현재 우리 주변에 사는 다양한 동물을 통해 그 색깔을 추측해 볼 수 있다. 오늘날 어떤 동물들은 천적의 눈을 속이기 위해 피부색이 주변 환경과 비슷하다. 또는 그와 반대로 울긋불긋 화려한 색을 띠며 독이 있다고 경고하기도 한다. 공룡 역시 생활환경에 적합한 피부색을 가지고 있었을 것이다.

이러한 이유 때문에 공룡의 피부색을 그리는 화가들은 현재 살고 있는 수많은 동물들을 관찰하고 생활 모습을 참고한다. 옛날 옛적 중생대 숲 속에는 주변의 색이 바뀔 때마다 피부색이 변하는 카멜레온과 같은 공룡이 있었을지도 모를 일이다.

한편, 공룡의 울음소리는 고생물학자들이 아직까지 풀지 못하는 최대의 미스터리 가운데 하나이다. 공룡의 울음소리를 들어 본 사람이 아무도 없기 때문에 소리를 복원하는 것은 어렵다. 물론 소리는 화석으로 남을 수도 없다. 다만, 초식 공룡의 경우 적의 공격을 알리기 위해 소리를 냈을 것이라고 추측한다. 머리의 뿔이나 관을 이용해 소리를 냈을 것으로 예상하지만 정확히 어떤 소리인지 판단하는 일은 불가능하다. 최근에 과학적인 분석을 통해 공룡의 울음소리를 재현해 보았지만 이것은 어디까지나 실험에 불과하다.

즉, 소름끼치게 큰 소리를 내며 상대를 덮치는 초록빛의 공룡은 영화나 애니메이션 속에서나 가능한 일이다. 공룡의 울음소리 외에도 입안이라든가, 눈동자, 눈꺼풀, 입술 등도 복원하는데 아주 까다로운 부분이다.

공룡 되살리기

공룡을 연구하기 위해서는 여러 가지 특별한 기술이 필요해요. 동물에 관해서도 잘 알고 있어야 하고 탐험가, 탐정 그리고 예술가의 능력도 필요하지요. 공룡학자는 어떤 방법으로 공룡을 연구하는 것일까요? 화석을 발견하고 복원하는 과정을 살펴봅시다.

❶ 화석을 찾아 세계 각국 탐사
주로 박물관이나 대학 및 연구소의 탐사단이 주의 깊게 선택한 장소에서 대규모로 작업이 진행돼요. 이때 트럭, 발전기, 수많은 발굴 도구와 탐사·운반 장비가 사용되지요.

❷ 섬세한 뼈 추리기
암석 속에 묻혀 있는 뼈의 정확한 모습을 알기 위해 화석을 싸고 있는 암석을 제거해야 해요. 공룡 뼈는 구멍과 틈이 많고 휘어져 있거나 삐죽삐죽 튀어나와 있는 경우가 많아요.

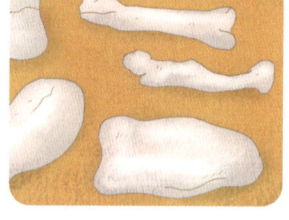

❸ 뼛조각 맞추기
퍼즐 조각을 맞추듯이 중요한 조각부터 하나씩 맞춰 나가요. 그리고 각 뼈를 자세히 기록하고 그림을 그려서 보관해요.

❹ 공룡의 생김새 추측
현재 살아 있는 동물과 비교해서 공룡의 근육 구조를 추측해요.

❺ 사망 현장 조사
공룡 화석 주변의 암석을 조사하여 공룡이 죽었을 당시의 환경이 어떠했는지 알 수 있어요.

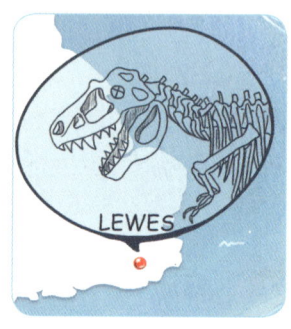

❻ 학술지에 발표
공룡 화석이 이미 알려진 것인지 아니면 새로운 것인지 조사해요. 만약 새로운 공룡이라면 종을 분류하고 연구하여 논문을 발표해요.

"공룡 화석을 복원하는 일이 쉽지만은 않지? 날 다시 만난 걸 영광으로 알라고!"

"수억 년 전 동물이라고 하기엔 매우 생생한걸?"

❼ 박물관 전시

피부나 입, 눈 등은 뼈만 보고 정확히 알 수 없기 때문에 박물관 전시 기술자와 공룡학자가 서로 의논하여 공룡의 모습을 복원해요.

공룡 박사가 되기 위한 마지막 관문

지금까지 공룡에 대해 많은 것을 배우고 다양한 낱말들도 익혔지요. 복습하는 의미에서 가로 열쇠와 세로 열쇠를 풀며 공룡 상식을 다져 봐요. (정답은 147쪽에 있어요.)

가로 열쇠

❷ 최초의 공룡이 등장했던 시기는 ○○○○○기
❺ 화석으로 생물의 발생과 진화 과정 그리고 까마득히 먼 옛날의 생물체의 환경 등을 연구하는 사람
❼ 지구 내부에서 고온의 마그마가 땅 위로 분출하여 만들어진 지형
❿ 생물이 점점 환경에 적응하면서 발달하는 것
⓫ 지구상에 살았던 육식 공룡 중 가장 무섭고 사나운 백악기 후기의 공룡
⓮ 화산 밖으로 터져 나오거나 흘러나온 마그마를 가리키는 말
⓰ 세계의 지리를 알아보기 쉽게 그려 놓은 그림
⓱ 석고 붕대, 모형 제작 등에 사용하는 매우 부드러운 황산염 광물로 공룡 화석을 이동시킬 때 사용한다.

세로 열쇠

❶ 2억 5000만 년 전 ~ 6500만 년 전의 시기로 공룡이 살던 지질 시대를 말한다.
❸ 백금 계열에 속하는 은백색의 금속 원소로 운석 충돌설의 증거가 되었다.
❹ 쥐라기 후기에 번성했던 공룡으로 검룡류 가운데 몸집이 가장 큰 공룡. 등줄기를 따라 나 있는 골판으로 몸을 보호했다.
❻ 똥이 화석이 된 것을 일컫는다.
❽ 화산에서 용암이나 가스를 내뿜는 구멍을 말한다.
❾ 백악기와 신생대 제3기 지층이 경계를 이루는 곳. ○○○○○층
⓬ 강수량이 적고 모래로 뒤덮인 지역
⓭ 화석이나 유물 등이 발굴되는 장소
⓯ 지각을 이루고 있는 딱딱한 물질로 화석암, 퇴적암, 변성암으로 나눈다.

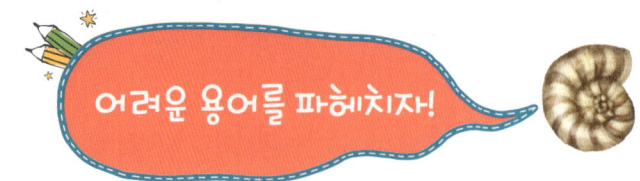

어려운 용어를 파헤치자!

각룡류 네 발로 걷는 조반목 초식 공룡으로 프로토케라톱스를 제외하고는 머리에 뿔이 달렸다.

검룡류 네 발로 걷는 조반목 초식 공룡으로 등과 꼬리에 창 같은 장식이 달려 있다.

겉씨식물 자라서 씨가 되는 부분(밑씨)이 암술대 밑에 달린 주머니(씨방)에 싸여 있지 않고 밖으로 드러나 있는 식물이다.

고생물학자 퇴적암 속 화석을 이용하여 옛날에 지구에서 살았던 생물에 대해 연구하는 사람을 말한다.

곡룡류 조반목 초식 공룡으로 몸에 갑옷을 두른 듯해서 '갑옷 공룡'으로도 불린다.

곤드와나 대륙 중생대 말에 판게아가 갈라져서 만들어진 2개의 대륙 가운데 남반구에 있던 대륙이다.

골격 동물의 몸을 지탱하고 몸의 모양을 유지시켜 주는 뼈이다.

골반 몸통의 아래쪽 부분을 이루는 뼈로 척추와 다리를 이어 준다. 흔히 엉덩이 부위를 가리킨다.

로라시아 대륙 중생대 말에 판게아가 갈라져서 만들어진 2개의 대륙 가운데 북반구에 있던 대륙이다.

분화구 화산에서 용암이나 가스를 내뿜는 구멍을 말한다.

분화석 공룡의 배설물이 화석이 된 것을 말한다.

소철 겉씨식물로 키가 작고 나뭇잎이 사계절 내내 푸른 나무이다.

속씨식물 자라서 씨가 되는 부분(밑씨)이 암술대 밑에 달린 주머니(씨방)에 싸여 있는 식물이다.

수각류 두 발로 걷는 용반목 육식 공룡을 말한다.

수장룡 중생대 바닷속에 살던 파충류로 거대하고 긴 몸과 짧은 꼬리를 가졌다.

암석 지구의 겉 부분인 지각을 이루는 단단한 고체를 말한다.

어룡 중생대 바닷속에 살던 파충류로 물고기 모양을 하고 있다.

용각류 네 발로 걷는 용반목 초식 공룡으로 아주 큰 몸집을 가졌다.

용반목 엉덩뼈의 구조가 도마뱀과 비슷한 공룡을 말한다. 예 티라노사우루스 렉스

용암 화산 밖으로 터져 나오거나 흘러나온 뜨거운 마그마를 말한다.

운석 우주 공간에서 지구로 떨어진 암석이다. 운석이 떨어져 움푹 패인 곳을 운석구라고 한다.

익룡 중생대 무렵에 하늘을 날았던 파충류로 공룡과 매우 가까운 관계에 있지만 공룡이라고 할 수는 없다.

장골 골반을 구성하는 세 뼈 중 가장 큰 뼈이다.

조각류 조반목 초식 공룡으로 뒷다리가 발달해 두 발로 걸어 다녔다.

조반목 엉덩뼈의 구조가 새와 비슷한 공룡을 말한다. 예 스테고사우루스

좌골 골반을 구성하는 좌우 한 쌍의 뼈

지층 자갈, 모래, 진흙 등이 여러층으로 쌓여 있는 것을 말한다.

체화석 뼈나 이빨과 같이 동물의 딱딱한 어느 한 부분 또는 전체가 화석이 된 것을 말한다.

치골 몸통과 다리를 연결하는 뼈에서 앞과 아래쪽 부분이다.

침엽수 겉씨식물로 잎이 바늘같이 생긴 나무를 가리킨다. 소나무가 대표적이다.

퇴적암 진흙, 모래, 자갈 등이 흐르는 물이나 바람에 의해 오랜 시간 운반되어 굳어진 암석이다.

판게아 베게너가 주장한 '대륙 이동설'에 나오는 초대륙. 현재의 모든 대륙이 수백만 년 전 하나의 큰 대륙을 이루었을 때를 가리킨다.

표피 동물의 가장 바깥쪽의 피부를 말한다.

화석 과거에 살았던 생물의 뼈, 껍질이나 껍데기, 이빨 등이 땅속에 묻혀 오랫동안 굳어진 것을 가리킨다.

후두류 두껍고 단단한 머리뼈를 가졌고 머리에 작은 장식이 있는 조반목 공룡을 말한다.

흔적 화석 발자국, 배설물 등과 같이 생물이 살았던 흔적이 남아 있는 화석이다.

계룡산 자연사 박물관 http://krnamu.or.kr
충청남도 공주에 있는 자연사 박물관으로 용각류 공룡 모형을 만날 수 있는 곳이다. 공룡 및 고생물에 대한 정보뿐만 아니라 지구의 구조와 특징을 알아볼 수 있다.

고성 공룡 박물관 http://museum.goseong.go.kr
세계 3대 공룡 발자국 화석 지역인 고성(경상남도)에 있는 공룡 전문 박물관으로 공룡 화석, 발자국뿐만 아니라 다양한 공룡 체험을 할 수 있다.

서대문 자연사 박물관 http://namu.sdm.go.kr
아크로칸토사우루스와 파키케팔로사우루스의 모형을 볼 수 있는 자연사 박물관이다. 다양한 공룡 교육 프로그램 및 자료가 준비되어 있다.

오남 공룡 체험 전시관 http://www.dinopark.co.kr
경기도 남양주에 있는 공룡체험 전시관으로 백악기 시대의 공룡을 실물 크기로 감상하고, 실내에서 즐기는 공룡 관련 체험을 소개해 준다.

전남대학교 한국 공룡 연구 센터 http://www.dinorc.co.kr
우리나라에 있는 공룡 화석들을 발굴하고 연구하는 전문 기관으로 공룡에 관한 상세한 설명과 다양한 사진, 그래픽 자료를 찾을 수 있다.

한국 지질자원 연구원 지질 박물관 http://museum.kigam.re.kr
대전에 있는 박물관으로 티라노사우루스 렉스 모형과 트리케라톱스의 머리 화석을 관람할 수 있다. 박물관 전시물뿐만 아니라 화석, 지질에 관한 자료도 찾아볼 수 있다.

해남 공룡 박물관 http://uhangridinopia.haenam.go.kr
전라남도 해남에 있는 공룡 전문 박물관으로 공룡 테마 공원뿐만 아니라 다양한 영상 시스템을 갖추고 있어 공룡의 진면모를 만끽할 수 있다.

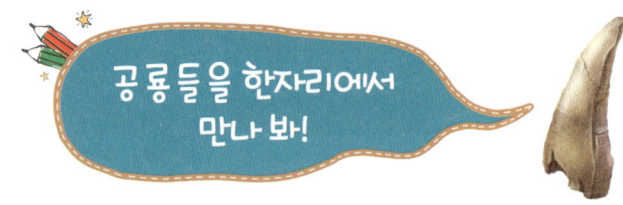

공룡들을 한자리에서 만나 봐!

데이노니쿠스 `트라이아스기 때 등장` `용반목` `수각류` '날카로운 발톱'이라는 뜻
사냥을 할 때 빠른 속도로 먹잇감을 뒤쫓아 가서 발톱으로 내리찍어 공격했다. 뒷다리에 있는 네 개의 발가락 가운데 두 번째 발가락의 발톱 길이는 13cm가 넘었다.

디플로도쿠스 `쥐라기 때 등장` `용반목` `용각류` '두 개의 기둥'이라는 뜻
몸길이가 25~27m에 이르지만, 일부의 뼛속이 비어 있어 몸무게는 몸길이에 비해 무겁지 않았다. 온순한 성격으로 물가에 살았고 식물이나 나뭇잎을 먹었다.

마멘키사우루스 `쥐라기 때 등장` `용반목` `용각류` 중국 쓰촨 성 마멘키 지역에서 발견되어 붙여진 이름
공룡 가운데 목이 가장 길었고 그 길이만 무려 13m에 달했다. 긴 목을 이용해 높은 곳에 있는 먹이도 쉽게 먹을 수 있었다.

바로사우루스 `쥐라기 때 등장` `용반목` `용각류` '무거운 도마뱀'이라는 뜻으로 마시 교수가 지음
거대한 몸집에 목과 꼬리가 길었다. 성격은 온순했고 무리를 지어 생활하였다.

브라키오사우루스 `쥐라기 때 등장` `용반목` `용각류` '팔 도마뱀'이라는 뜻
앞다리가 뒷다리보다 길었고, 키가 20m에 달해 높은 곳에 있는 먹이도 쉽게 먹을 수 있었다. 가장 무거운 공룡 가운데 하나로 온순한 성격이었다.

스테고사우루스 `쥐라기 때 등장` `조반목` `검룡류` '지붕 도마뱀'이라는 뜻
검룡류 가운데 몸집이 가장 크지만 아주 온순한 초식 공룡이다. 등줄기를 따라 돌기가 나 있어 '스테고'라는 이름이 붙었다.

스테고케라스 `쥐라기 때 등장` `조반목` `검룡류` '뿔이 있는 천장'이라는 뜻
머리뼈가 대단히 두꺼워 일명 '박치기 공룡'이라고도 한다. 머리뼈는 둥글고 위로 솟았으며, 뒷부분에 작은 혹들이 있었다.

아파토사우루스 `쥐라기 때 등장` `용반목` `용각류` '속이는 도마뱀'이라는 뜻
거대한 초식 공룡의 하나로 무리를 짓고 물가에서 생활했다. 성질이 온순하고 행동이 매우 느렸으며, 카마라사우루스, 마멘키사우루스 등과 모습이 비슷하다.

안킬로사우루스 `백악기 때 등장` `조반목` `곡룡류` '연결된 도마뱀'이라는 뜻
곡룡류 가운데 가장 큰 공룡으로 스테고사우루스가 멸종된 이후 많이 나타났다. 튼튼한 네 다리로 걸어 다녔고, 꼬리 끝은 단단한 뼈로 된 곤봉 모양이었다.

알로사우루스 `쥐라기 때 등장` `용반목` `용각류` '특별한 도마뱀'이라는 뜻
쥐라기 시대에 가장 크고 강한 육식 공룡 가운데 하나로 자기보다 몸집이 큰 초식 공룡이나 다른 육식 공룡까지도 잡아먹었다.

에오랍토르 `트라이아스기 때 등장` `용반목` `수각류` '새벽의 약탈자'라는 뜻
현재까지 발견된 공룡 화석으로 볼 때 가장 오래된 공룡 가운데 하나로 성질이 매우 사나웠다. 몸집이 그리 크지 않았고 뒷다리로 서서 다니며 행동이 빨랐다.

이구아노돈 `백악기 때 등장` `조반목` `조각류` '이구아나의 이빨'이라는 뜻으로 기드온 맨텔이 붙인 이름
무리 지어 살았고, 성격은 온순했으며, 평평한 이빨로 나뭇잎이나 열매 등을 따 먹었다.

코엘로피시스 `트라이아스기 때 등장` `용반목` `수각류` '뼛속이 비어 있다'라는 뜻
성격이 매우 사나운 공룡으로 무리를 지어 사냥하였고 다른 공룡이나 작은 도마뱀, 포유류 등을 잡아먹었다.

트리케라톱스 `백악기 때 등장` `조반목` `각룡류` '세 개의 뿔이 있는 얼굴'이라는 뜻
각룡류 중에서 가장 크고 무거운 공룡으로 번식력이 뛰어났다. 눈 위에 하나씩 길고 강한 뿔이 있고, 코 위에도 작은 뿔이 나 있다.

티라노사우루스 렉스 `백악기 때 등장` `용반목` `수각류` '사나운 도마뱀'이라는 뜻
지구상에 살았던 육식 공룡 중 가장 무섭고 사나운 공룡으로 짧은 앞다리와 크고 튼튼한 뒷다리를 가지고 있다.

플라테오사우루스 `트라이아스기 때 등장` `용반목` `용각류` '납작한 도마뱀'이라는 뜻
가장 오래된 용각류 가운데 하나로 나뭇잎이나 곤충을 먹는 잡식성으로 온순한 공룡이다.

하드로사우루스 `백악기 때 등장` `조반목` `각룡류` '하돈필드의 도마뱀'이라는 뜻, 미국 뉴저지 주 하돈필드에서 발견됨
뒷다리가 앞다리보다 길었고 평상시에는 네 발로 다녔다. 입안에 난 작은 이빨로 나뭇잎을 잘게 씹어 먹었다.

헤레라사우루스 `트라이아스기 때 등장` `용반목` `수각류` '헤라의 도마뱀'이라는 뜻
가장 오래된 공룡 중 하나로 날카로운 이빨과 발톱을 가지고 있어 성격이 매우 포악했을 것으로 보인다.

신 나는 토론을 위한 맞춤 가이드

공룡에 관한 이야기를 재미있게 읽었나요? 이제 공룡 박사가 다 되었다고요? 그 전에 마지막 단계인 토론을 잊지 마세요. 토론을 잘하려면 올바른 지식과 다양한 정보가 바탕이 되어야 해요. 책을 읽고 친구나 엄마와 함께 신 나게 토론해 봐요!

잠깐! 토론과 토의는 뭐가 다르지?

토론과 토의는 모두 어떤 문제를 해결하기 위해 의견을 나누는 일입니다. 하지만 주제와 형식이 조금씩 달라요. 토의는 여러 사람의 다양한 의견을 한데 모아 협동하는 일이, 토론은 논리적인 근거로 상대방을 설득하는 일이 중요합니다. 토의는 누군가를 이겨야 하는 것이 아니기 때문에 서로 협력해서 생각의 폭을 넓히고 좋은 결정을 내릴 때 필요해요. 반면 토론은 한 문제를 놓고 찬성과 반대로 나뉘어 서로 대립하는 과정을 거치지요.
넓은 의미에서 토론은 토의까지 포함하는 경우가 많습니다. 토론과 토의 모두 논리적으로 생각 체계를 세우고, 사고력과 창의성을 높이는 데 도움을 준답니다.

토론의 올바른 자세

말하는 사람
1. 자신의 생각이 잘 전달되도록 또박또박 말해요.
2. 바닥이나 책상을 보지 말고 앞을 보고 말해요.
3. 상대방이 자신의 주장과 달라도 존중해 주어요.
4. 주어진 시간에만 말을 해요.
5. 할 말을 미리 간단히 적어 두면 좋아요.

듣는 사람
1. 상대방에게 집중하면서 어떤 말을 하는지 열심히 들어요.
2. 비스듬히 앉지 말고 단정한 자세를 해요.
3. 상대방이 말하는 중간에 끼어들지 않아요.
4. 다른 사람과 떠들거나 딴짓을 하지 않아요.
5. 상대방의 말을 적으며 자기 생각과 비교해 봐요.

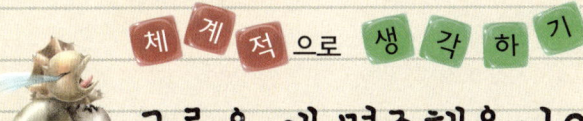

공룡은 왜 멸종했을까?

사람들은 공룡이 왜 멸종했는지 설명하려고 다양한 의견을 내놓았어요. 책 속에 어떤 내용들이 있었는지 생각나는 대로 적어 봐요. 기억이 잘 나지 않는다면 4장을 다시 읽어 보세요. 그리고 각자 생각하는 멸종 원인을 적은 다음 친구와 의견을 나누어 봐요.

1. 책 속에 나와 있는 공룡의 멸종 원인과 근거를 정리해 봅시다.

   `원인`

   `근거`

   `원인`

   `근거`

2. 자신이 생각하는 공룡의 멸종 원인과 근거를 정리해 봅시다.

   `원인`

   `근거`

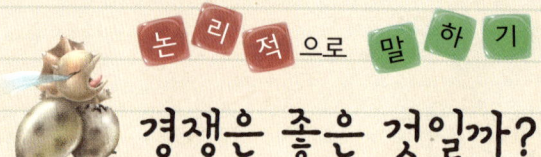

경쟁은 좋은 것일까?

미국의 고생물학자 마시와 코프는 공룡 화석 발굴 역사에 영원한 라이벌로 남았어요. '공룡 화석 전쟁'이라고 불릴 만큼 그 경쟁이 치열했지요. 두 사람의 화석 발굴 경쟁을 보여 주는 글을 다시 읽고 경쟁에 관해 토론해 봐요.

마시와 코프는 자신의 발굴지를 지키기 위해 크기가 작거나 부서진 화석은 일부러 없애기도 했어요. 또한 상대가 찾지 못하게 발굴지를 흙이나 바위로 메워 버리기도 했지요. 심지어 두 사람의 발굴단 인부들끼리 서로에게 돌을 던지며 싸우기까지 했답니다. 두 사람이 얼마나 앙숙이었는지 직접 보지 않아도 충분히 알 수 있겠지요?

결국 마시와 코프는 지나치게 경쟁하는 바람에 둘 다 큰 피해를 입고 몰락하고 말았어요. 하지만 그들의 경쟁적인 발굴 덕분에 140여 종의 공룡이 새로 발견되고 세상에 알려졌어요. 두 사람이 죽은 후에도 채 뜯지 않은 화석이 1톤가량이나 남아 있었다니, 그들이 얼마나 화석 수집에 열심이었는지 짐작해 볼 수 있답니다.

마시와 코프의 화석 발굴은 사람들이 공룡에 관심을 가지도록 크게 기여했어요. 이들의 경쟁적인 발굴 작업이 잡지 맨 앞에 자주 등장하면서 사람들의 호기심을 불러일으켰거든요.

코프와 마시의 활약 이전에 북아메리카에서 발견된 공룡은 겨우 아홉 종류밖에 없었어요. 두 과학자 덕분에 우리는 그보다 훨씬 많은 공룡을 알게 되었지요. 그들이 발견한 공룡들 가운데에는 사람들에게 인기가 높은 공룡도 많았어요. 트리케라톱스, 알로사우루스, 디플로도쿠스, 스테고사우루스, 코엘로피시스 등이 바로 그런 공룡이지요.

코프와 마시의 업적은 과학적으로 칭찬받을 만해요. 하지만 발굴 작업 과정에서 다이너마이트를 지나치게 많이 사용하고, 서로를 방해하면서 수많은 화석을 파괴하거나 다시 땅속에 묻고 말았어요. 그 화석들 가운데 몇몇은 아주 중요한 가치가 있었을 것이라는 점이 무척 안타까워요.

본문 47~48쪽

1. 마시와 코프의 경쟁은 매우 치열했습니다. 결과적으로 어떤 장점과 단점이 있었나요?

   장점

   단점

2. 주변을 둘러봅시다. 친구들은 공부, 운동, 외모 면에서 서로 경쟁을 해요. 이외에 어떤 것들로 경쟁할 수 있을까요? 나의 라이벌은 누구인가요?

3. 경쟁을 하는 것이 좋을까요? 아니면 좋지 않을까요? 나의 생각을 적어 보고 찬성과 반대 의견으로 나누어 친구들과 토론해 봐요.

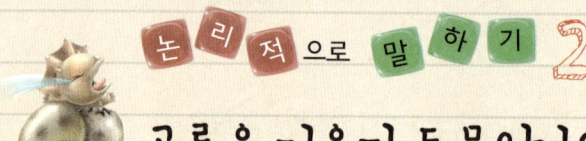

공룡은 더운피 동물일까? 찬피 동물일까?

맨 처음에 사람들은 공룡이 찬피 동물이라고 생각했어요. 공룡은 대형 파충류인데 파충류는 찬피 동물이거든요. 그런데 공룡 화석을 연구한 결과 더운피 동물의 특징도 하나둘씩 발견되기 시작했어요!

1. 더운피 동물과 찬피 동물의 특징을 적어 보요. 그리고 공룡이 어디에 속하는지 그 증거를 찾아보세요.

   더운피 동물의 특징   찬피 동물의 특징

   공룡이 더운피 동물이라는 증거   공룡이 찬피 동물이라는 증거

2. 공룡은 더운피 동물이었을지, 찬피 동물이었을지 자신의 생각을 먼저 적어 보고 팀을 나누어 토론해 봐요. 본문 외에도 참고 도서나 인터넷 자료 등을 이용하여 더 많은 증거를 수집해 보세요.

나만의 공룡 영화 시놉시스 만들기

시놉시스란 영화나 드라마 등의 간단한 줄거리를 말해요. 1993년 마이클 크라이튼의 소설을 바탕으로 만든 영화 「쥐라기 공원」은 공룡을 컴퓨터 그래픽으로 나타내어 영화사에 큰 획을 그었지요. 자신이 영화 시놉시스 작가라고 생각해 봐요. 공룡을 주제로 어떤 영화를 만들고 싶나요?

쥐라기 공원 시놉시스

어느 날 우연히 수억 년 전의 호박 화석이 발견되었어요. 그 속에는 모기 한 마리가 갇혀 있었지요. 과학자들은 모기의 몸속에 남아 있던 공룡의 피를 뽑아 유전자 정보를 알아낸 다음 공룡을 부활시켜요. 백만장자 존 헤먼드는 외딴 섬에 부활시킨 공룡들을 모아 테마 파크를 준비합니다. 하지만 컴퓨터 작동 장치가 고장이 나면서 공룡들이 풀려나게 돼요. 위험한 육식 공룡까지 마음대로 돌아다니게 되면서 주인공들은 심각한 위험에 빠지죠. 과연 살아남아 섬을 탈출할 수 있을까요?

나만의 공룡 영화 시놉시스를 만들어 봐요.

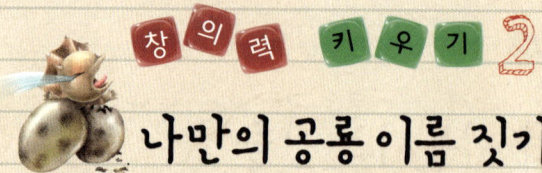

나만의 공룡 이름 짓기

2010년 한국에서 발견된 신종 공룡의 공식 학명이 '코리아노사우루스'로 결정되었어요. '코리아'라는 이름을 가진 공룡이 탄생하다니, 정말 신기하지 않나요? 관련 기사를 읽고 이야기해 봐요.

허민 전남대 교수(한국공룡연구센터장)는 2003년 5월 전남 보성군 공룡 알 화석지에서 신종 공룡을 발견했고 '코리아노사우루스'라는 이름을 붙였다.

"예전부터 한국을 알릴 수 있는 공룡을 발굴하고 싶었어요. 보성에서 발굴한 공룡 화석을 지난달 독일의 고생물학회지에서 신종으로 인정받았는데 이 공룡에 그렇게 이름을 붙였어요."

코리아노사우루스는 약 8500만 년 전 한반도에 살았던 초식 공룡이다. 몸길이가 약 2.4m인 소형 조각류 공룡으로 목뼈, 갈비뼈, 척추 등 50여 점의 화석이 발굴됐다. 이 명칭은 EBS가 2008년 방영한 「한반도의 공룡」 프로그램에서도 사용됐다.

허 교수는 "요즘 공룡의 연골 화석에서 DNA를 뽑아내 새와 공룡의 진화 과정을 유전자로 밝혀내는 연구를 시작했다"며 "화석에서 DNA를 뽑아내는 게 굉장히 어렵지만 한국 공룡을 통해 세계적인 연구 성과를 내고 싶다"고 포부를 밝혔다.

2010년 12월호 《과학동아》 기사

1. 자신이 공룡학자가 되어 새로운 공룡 화석을 발굴했다고 상상해 봐요. 어떻게 생긴 공룡인가요? 글로 설명해도 좋고 그림으로 표현해도 좋아요.

2. 공룡에 어떤 이름을 붙이고 싶은가요? 그 이유는 무엇인가요?

3. 각자 발견하고 싶은 공룡에 대해 친구들과 함께 이야기해 봐요.

신 나는 토론을 위한 맞춤 가이드 예시 답안

139쪽 공룡은 왜 멸종했을까?

원인: 화산 폭발
근거: 화산 폭발 때 나오는 광물인 이리듐이 공룡이 멸종한 시기인 백악기 지층에서 발견되었다. 화산이 폭발하면 화산재가 햇빛을 차단해 지구의 기온이 내려가고 식물도 마르게 된다. 그래서 초식 공룡도 굶어 죽고 따라서 육식 공룡도 죽게 되었다.

원인: 운석이 지구와 충돌
근거: 이리듐은 우주 먼지에서도 발견된다. K/T 경계층은 중생대 백악기와 신생대 제3기의 지층이 맞붙은 지점인데, 거기서 30배가 넘는 이리듐이 발견되었다. 1990년대에는 멕시코 유카탄 반도 북서쪽 해안에서 지름이 200km에 이르는 운석 구덩이가 발견되었다.

140쪽 경쟁은 좋은 것일까?

장점: ❶ 142여 종의 공룡이 새로 발견되었다. ❷ 많은 사람들이 공룡에 관심을 가지게 되었다.
단점: ❶ 마시와 코프는 서로 기분이 상했을 뿐 아니라 발굴단 인부들까지 서로에게 돌을 던지며 싸우기도 했다. ❷ 지나친 다이너마이트의 사용으로 수많은 화석이 파괴되거나 다시 땅속에 묻혔다.

142쪽 공룡은 더운피 동물일까? 찬피 동물일까?

더운피 동물의 특징: 주변 환경의 기온과 상관없이 체온을 유지한다.
공룡이 더운피 동물이라는 증거: 날쌘 움직임을 보인 흔적이 종종 나타나고 추운 지방에서도 화석이 발견된다.
찬피 동물의 특징: 주변 환경의 기온에 따라 체온이 변한다.
공룡이 찬피 동물이라는 증거: 거대한 초식 공룡은 대부분 움직임이 둔하고 몸이 비늘로 덮여 있었다.

본문 마무리 문제 답안

39쪽 공룡 분류하기
① → ㄱ
② → ㄹ
③ → ㄷ
④ → ㄴ
⑤ → ㅂ
⑥ → ㅁ

68쪽 공룡 박사가 되기 위한 중간 시험
1. 화석
2. (1) - ㄴ (2) - ㄱ
3. (1) 용각류 (2) 수각류 (3) 조각류

86쪽 공룡이 살았던 시대를 찾아라!
① → ㄴ
② → ㄷ
③ → ㄱ

106쪽 티라노사우루스의 알을 찾아라
①, ③, ⑥, ⑧, ⑨ (모두 5개)

130쪽 공룡 박사가 되기 위한 마지막 관문

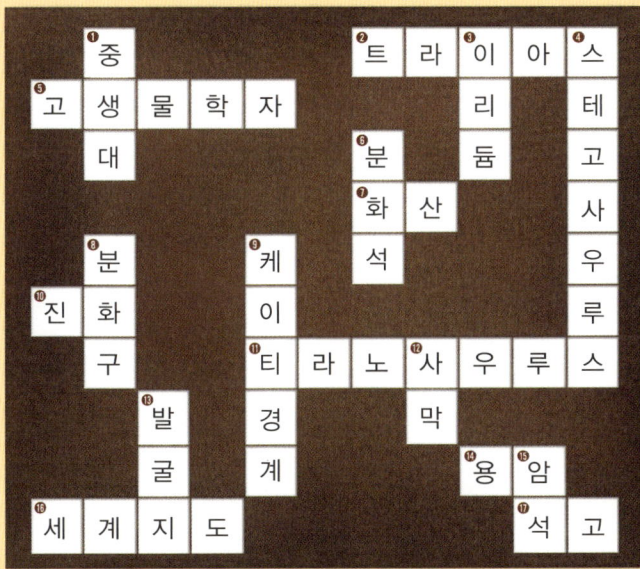

글쓴이 제성은
초등학생 때에는 책상 밑에서 책 읽기를 좋아하였고, 중고등학교 때에는 배꼽 잡는 코미디 프로그램을 좋아했습니다. 딸을 낳고 난 뒤부터 동화의 매력에 흠뻑 빠져 재미있고 신 나는 동화를 쓰는 것이 삶의 목표가 되었습니다. 『청소가 사라진 날』로 새벗문학상을 받았으며, 지은 책으로는 『주니어 플라톤』, 『해법독서논술』, 『한솔어린이백과』 등이 있습니다.

그린이 정중호
대학에서 디자인을 공부한 후 인터넷을 비롯한 여러 매체에 다양한 방식으로 그림을 그리며 활동하였습니다. 그림으로 어린이들의 모든 감각을 자극하고, 상상력을 키워 줄 수 있는 플래시 애니메이션도 다수 작업하였습니다. 그림으로 또 다른 세상을 보여 주기 위해 일러스트 작가로 활동하고 있으며, 『원시인도 모르는 공룡』, 『더 멀리 더 높이 더 빨리 스포츠 과학』을 함께 지었습니다.

초등 융합 사회과학 토론왕 시리즈 ❻ 원시인도 모르는 공룡

- 이 책에 실린 일부 내용은 《과학동아》, 《어린이과학동아》에 게재된 기사를 재인용하였습니다.
- 이 책에 실린 사진은 다음과 같이 기관 혹은 개인으로부터 게재 허가를 받았습니다. (가나다 순) 다만 출처를 잘못 알고 실은 사진이 있는 경우 해당 저작권자와 적법한 계약을 맺을 것입니다.

동아일보
어린이 과학동아
위키 피디아
이미지비트
이융남(한국 지질 자원 연구원 지질박물관 관장)